AF132061

David Lama
Christian Seiler

Der Cerro Torre,
das Unmögliche und ich

Knaus

Christian Seiler, Jahrgang 1961, lebt als Autor und Journalist in Wien. Mit David Lama schrieb er bereits dessen erstes Buch »High«, weitere Bücher verfasste er mit Philipp Lahm, Toni Innauer und über André Heller.

Fotos im Bildteil: Lincoln Else (6/7, 18/19, 22 oben, 26 unten, 28, 29 oben, 29 Mitte), Franz Hinterbrandner (2/3, 4, 9 unten, 21, 22 Mitte), Peter Ortner (9 oben, 16, 17, 20 oben, 23), Heli Putz (27), Red Bull Media House (30/31), Corey Rich (5, 8, 20 unten, 22 unten, 24/25, 32), Ken Robinson (1, 10/11, 12/13, 14, 15, 26 oben, 29 unten).
Alle Bilder mit freundlicher Genehmigung © Red Bull Content Pool.

Karte: Eckehard Radehose.

Verlagsgruppe Random House FSC® N001967
Das für dieses Buch verwendete FSC®-zertifizierte Papier
Munken Premium liefert Arctic Paper Munkedals AB, Schweden.

2. Auflage
Copyright © der Originalausgabe 2013
beim Albrecht Knaus Verlag, München,
in der Verlagsgruppe Random House GmbH
Redaktion: Hans Fleißner
Gesetzt aus der Minion von Uhl + Massopust, Aalen
Druck und Einband: GGP Media GmbH, Pößneck
Printed in Germany
ISBN 978-3-8135-0390-6

www.knaus-verlag.de

»You haven't got a snowball's chance in hell.«

Jim Bridwell

»Die Entwicklung des Bergsteigens war, ist und
bleibt, Grenzen zu verschieben: Was vor zehn Jahren
unmöglich war, kann möglich werden. David Lama
hat den Cerro Torre 2012 frei geklettert – ich hätte
das vor zehn Jahren noch für unmöglich gehalten.«

Reinhold Messner

Inhalt

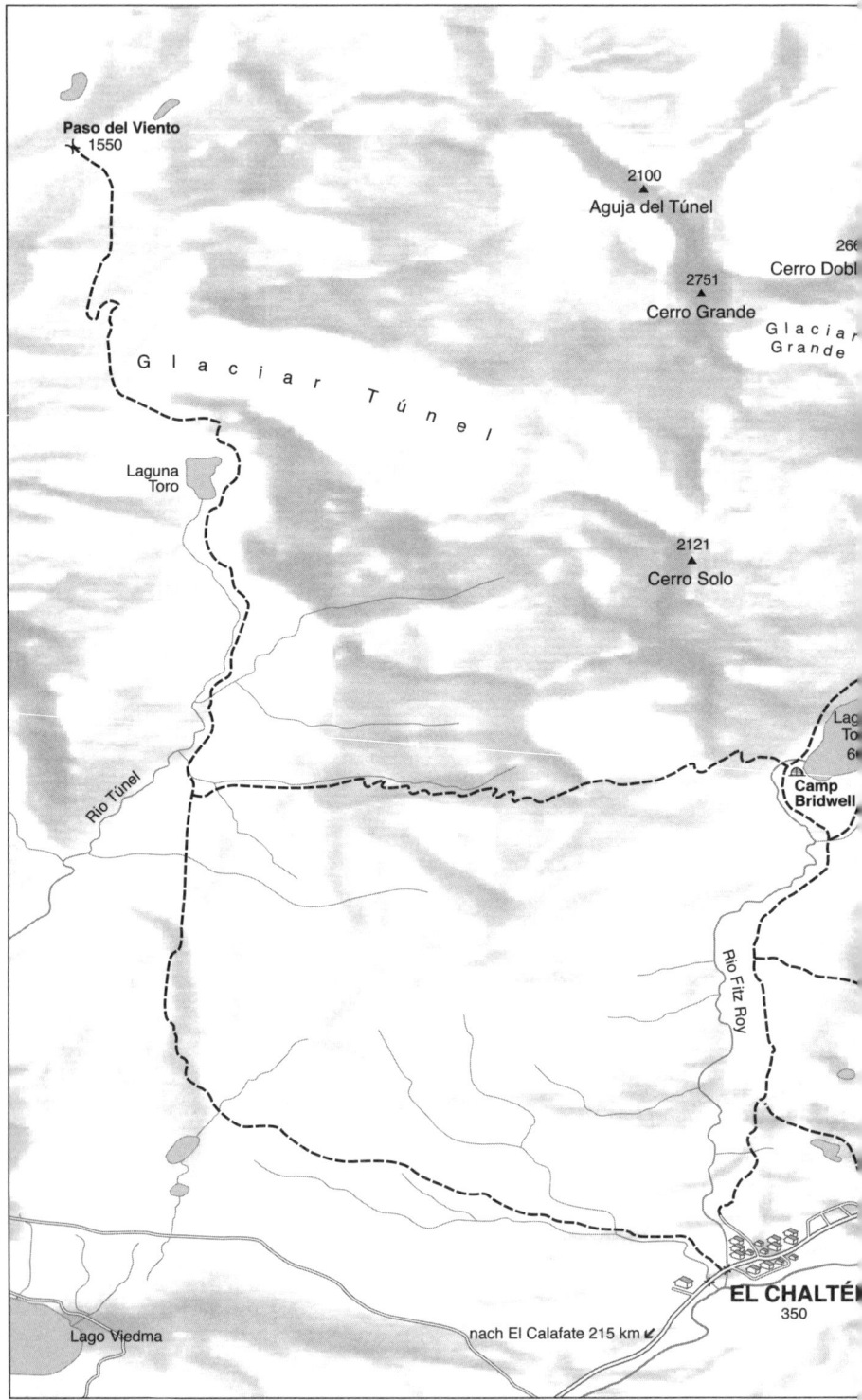

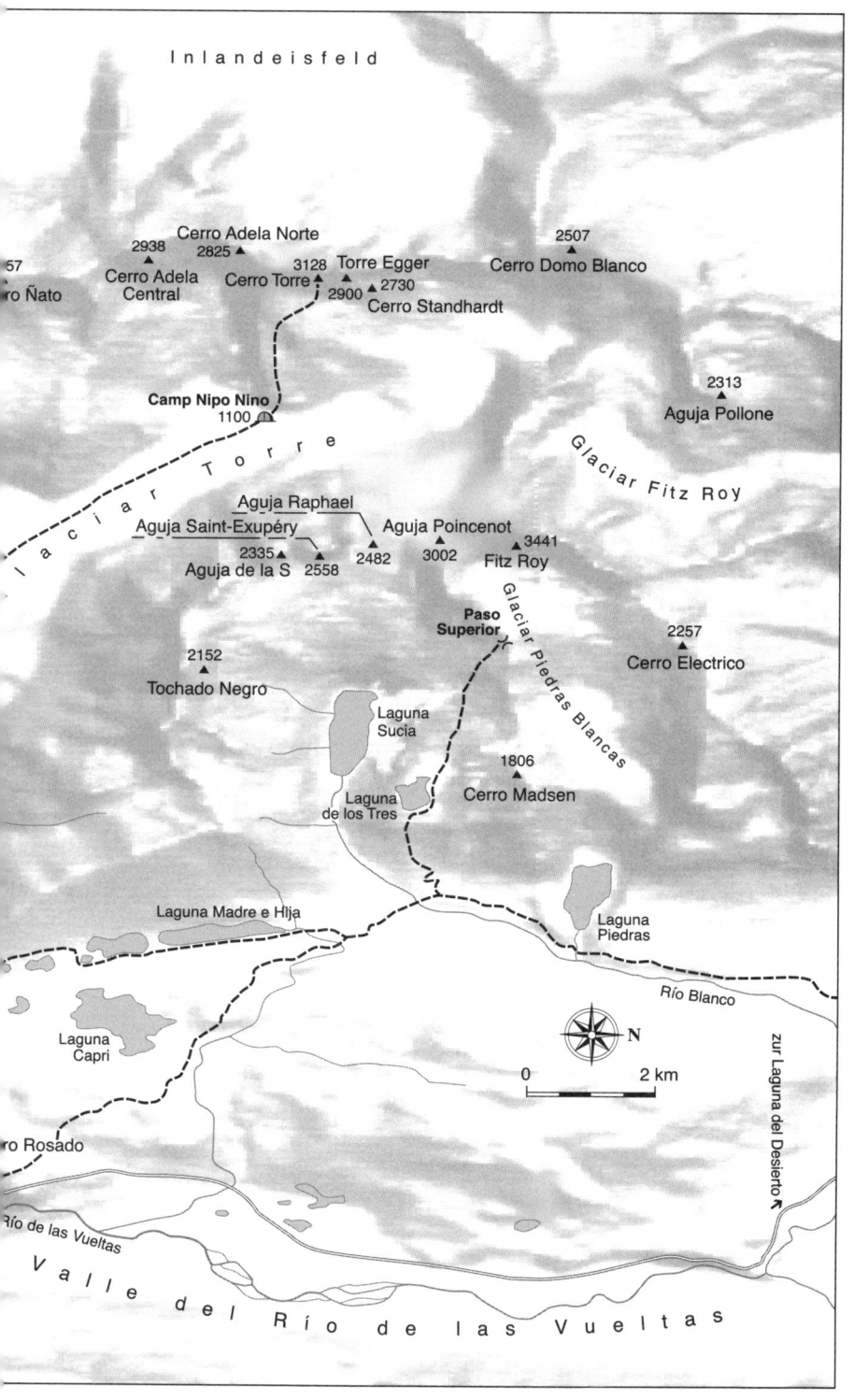

Das Vorhaben

»Es heißt, dass es unmöglich ist, den Cerro Torre über die Südostkante und die Kompressorroute frei zu begehen, und irgendwie ist für mich damit das Projekt bereits definiert.«

1

Manchmal ereignen sich die wirklich wichtigen Dinge im Schlaf. Ich sitze in El Chaltén auf einem Campingstuhl und halte ein Nickerchen. Den Stuhl haben Peter und ich auf der Baustelle gegenüber gefunden, als wir uns das Plätzchen vor unserem Container ein bisschen gemütlich herrichten wollten. Der Stuhl ist super, er hat sogar eine Halterung für ein Getränk. Dazu haben wir eine Bank aus Brettern gebastelt, auf der liegt Peter jetzt in seinem dünnen Schlafsack und gönnt sich ebenfalls einen Mittagsschlaf.

Ich erwache, als ich Dirnis Stimme höre.

Dirni sagt:»David.«

Ich schlage die Augen auf und schaue durch meine Sonnenbrille ins Objektiv einer Kamera. Neben der Kamera ein Gesicht, eckig wie die Kamera, aber umgeben von blond glänzenden Barocklocken. Das ist Dirni, der Regisseur des Filmteams, das unser Projekt dokumentiert. In seinen Augen flackert es.

»Hmm?«, frage ich.

»Wir müssen euch leider aufwecken«, sagt Dirni.

»Weil?«

»Wir haben eine ziemlich neue Information für euch«, sagt Dirni.

Interessant. Ich setze mich auf und höre am Knurren

neben mir, dass Peter Ortner, mein Kletterpartner und Freund, ebenfalls aufgewacht ist.

Dirni sagt: »Eine kanadisch-amerikanische Seilschaft ist vom Berg gekommen, die gestern die Kompressorroute ohne die Haken von Maestri geklettert ist. Beim Runterklettern haben sie alle Haken aus der Headwall und auch ein paar Seillängen drunter rausgeschlagen.«

Das ist jetzt aber wirklich eine Nachricht, auch wenn ich nicht verstehe, warum Dirni sich so darüber aufregt. Zur Sicherheit sage ich also: »Ist mir egal«, und Peter neben mir nickt, ihm ist es also auch egal, obwohl ich bezweifle, dass er zu diesem Zeitpunkt genau weiß, was ihm gerade egal ist.

»Warum machen die das?«, fragt Dirni.

»Weil sie meinen, dass sie's machen müssen«, sage ich, schäle mich aus meinem Schlafsack und stehe auf. »So wie ich halt meine, dass ich die Kompressorroute frei klettern muss.«

Dirni hält die ganze Zeit mit seiner Kamera auf mich. Ihm ist klar, dass sich gerade ein historischer Moment unserer Expedition auf den Cerro Torre ereignet, und er will keine Entgleisung in meinem Gesicht verpassen. Aber mein Gesicht entgleist nicht. Ich denke nichts, außer: Wenn die Bohrhaken nicht mehr in der Headwall sind, dann werden wir uns eben anders zu helfen wissen.

Die Geschichte der aus der Wand geschlagenen Bohrhaken ist der letzte Puzzlestein in der großen Historie des Cerro Torre, der mythenumwobenen Granitnadel im Süden Patagoniens, der wir gerade ein neues Kapitel hinzufügen wollen.

14

Der Berg galt lange als unbezwingbar, bis der Italiener Cesare Maestri ihn mit seinem Bergkameraden Toni Egger im Jahr 1959 bestieg – oder, besser gesagt, zu besteigen vorgab. Denn Maestri kehrte von der vermeintlichen Erstbesteigung allein zurück, Toni Egger war abgestürzt, und mit ihm das Gipfelfoto, das sich in Eggers Rucksack befunden haben soll. Als zusehends Zweifel an Maestris Geschichte aufkamen, entschloss sich dieser, den Berg erneut zu besteigen. 1970 rückte er mit schwerem Gerät an und bohrte sich mit Hilfe eines hundert Kilo schweren Kompressors eine Leiter aus hunderten Bohrhaken bis zum höchsten Punkt der Felswand unterhalb des Gipfel-Eispilzes. Den Eispilz, der wie ein blauweißer Pfropfen auf der Felsnadel sitzt, bewertete Maestri nicht mehr als Teil des Berges, er sei schließlich nur eine temporäre Verkleidung des Gipfels. Maestri hatte das Gefühl, es allen Zweiflern damit gezeigt zu haben.

Ich würde sagen: Er hat sein Ziel aus den Augen verloren und den Gipfel auf sehr eigenwillige Weise erreicht – und seine Spuren sowohl in der Alpingeschichte hinterlassen, in der er jetzt tatsächlich als erster Alpinist geführt wird, der sich die Gipfelwand, die Headwall des Cerro Torre, hinaufgearbeitet hat, als auch am Cerro Torre selbst: Der monumentale Kompressor, der Maestris Bohrmaschine betrieb, hängt auch 43 Jahre später noch immer in der Headwall – ich bin selbst schon darauf gestanden. Die über 350 Bohrhaken, die Maestri in den Granit schlug, stecken nicht nur die schnurgerade nach oben führende »Maestri-Route« ab. Sie nützen auch allen Alpinisten, die diese Route gehen, weil man sich ohne weiteres an ihnen sichern und hochziehen kann.

Maestris Vorgehen hat zu Diskussionen geführt, die seit mehr als vierzig Jahren andauern. Man ist sich unter Alpinisten ziemlich einig darüber, dass sein Vorgehen inakzeptabel war. Viele sprechen davon, dass er mit seinen Bohrhaken den Berg »entweiht« hat.

Aber die Nachricht, die uns gerade erreicht, sagt uns, dass diese Haken ab sofort nicht mehr da sind. Zwei Alpinisten, der Kanadier Jason Kruk und der Amerikaner Hayden Kennedy, haben sie aus der Wand geschlagen. Sie wollten den Cerro Torre von den »Fehlern der Vergangenheit« säubern und den Berg in einen Zustand versetzen, wie er vor der »Vergewaltigung« durch Maestri gewesen war.

Dirni hat offenbar das Gefühl, dass sich dadurch etwas an unserem Plan ändern könnte. Dieser Plan besteht darin, etwas zu vollenden, was von den meisten für unmöglich gehalten wird: Ich möchte den Cerro Torre im freien Kletterstil besteigen. Das heißt: Ich möchte einen Berg, dessen Besteigung bereits unter Verwendung aller technischen Hilfsmittel eine enorme Herausforderung ist, ohne jedes Hilfsmittel klettern. Nur mit der Kraft meiner Hände und Füße. Mit meiner ganzen alpinistischen Fantasie. Meiner Klettertechnik, die ich in vielen Jahren als erfolgreicher Wettkampfkletterer erworben habe.

Haken, Karabiner und Seil brauche ich nur, um mich abzusichern. Für diese Absicherung haben Maestris Bohrhaken in der Gipfelwand eine gewisse Rolle gespielt. Ich hatte vorgehabt, einige von ihnen im letzten Abschnitt meiner freien Begehung auf den Gipfel zu verwenden, aber jetzt sind sie nicht mehr da.

Der freie Kletterstil – wir Alpinisten sagen: frei klettern – ist meine bevorzugte Methode, einen Berg zu besteigen. Es ist eine Technik, den Berg mit seinen natürlichen Strukturen, seinen Rissen, Schuppen und Felsformationen als Herausforderung zu begreifen und ihn nur mit der Kraft und Geschicklichkeit der eigenen Arme und Beine zu besteigen. Selbst in den schwersten Passagen einer Wand darf man keinen Haken zu Hilfe nehmen, um sich daran hochzuziehen und die Passage auf diese Weise zu überwinden. Das Seil und die notwendigen Haken dienen nur dazu, um sich so abzusichern, dass ein möglicher Sturz nicht unweigerlich tödlich endet.

Ich bin bereits eine Reihe von schwierigen Wänden frei geklettert. Aber kein Projekt war annähernd so herausfordernd wie der Cerro Torre. Die Wände am Torre sind von einer ganz anderen Dimension als zu Hause in den Alpen. Zu den klettertechnischen Schwierigkeiten kommen jene des Wetters, der Bedingungen am Berg und der für mich anfangs noch völlig unbekannten Dimensionen. Nur an wenigen Tagen im patagonischen Sommer findet man überhaupt Voraussetzungen vor, um den Cerro Torre zu besteigen. Meist herrschen Sturm, Nebel, Schneefall, Kälte. Bedingungen, unter denen es völlig unmöglich ist, zu klettern, geschweige denn frei.

Aber auch das schöne Wetter hat seine Tücken. Der Cerro Torre ist die meiste Zeit von einem oft meterdicken Eispanzer überzogen, der sich bei Sonneneinstrahlung vom Fels lösen und in die Tiefe stürzen kann. Oft sind diese Eisbrocken so groß wie Fußbälle oder sogar wie ein Kleiderschrank, so dass man sich besser nicht in ihrer Falllinie befindet.

Dazu das ständige Gefühl, sehr weit von jeder Hilfe entfernt zu sein. Wenn man auf dem Cerro Torre stürzt und sich dabei nur ein Bein bricht, wird es bereits sehr schwierig, wieder zurück ins Tal zu kommen. Du brauchst einen Partner, der sehr fit ist und dich tragen kann, oder viel Glück: Wenn der Partner nach El Chaltén rennen muss, um Hilfe zu holen, kommt diese vielleicht erst nach drei Tagen bei dir an. Falls das Wetter es dann überhaupt noch zulässt.

Mein Team und ich sind schon zum dritten Mal hier. Beim ersten Versuch vor zwei Jahren kamen mein damaliger Partner Daniel Steuerer und ich nicht einmal bis auf den Gipfel des Torre, an freies Klettern war gar nicht zu denken. Beim zweiten Versuch schafften Peter und ich den Gipfel in technischer Kletterei, und ich gewann bei der Besteigung den Eindruck, dass mein Plan tatsächlich aufgehen könnte. Bis dahin hatte ich selbst, um ehrlich zu sein, noch immer Zweifel, ob mein groß angekündigtes Vorhaben, den Cerro Torre frei klettern zu wollen, nicht an der einen oder anderen Stelle in einer Sackgasse im Granit enden würde – ganz sind diese Zweifel auch jetzt noch nicht ausgeräumt.

Aber gerade die vielen Unmöglichkeiten des Projekts reizen mich. Reinhold Messner, der den Cerro Torre nie bestiegen, aber ein Buch über ihn geschrieben hat, hielt mein Projekt schlicht für »unmöglich«. Der amerikanische Kletterpionier Jim Bridwell, dem 1979 die Erstbesteigung des Cerro Torre über den Südostgrat gelang, sagte in seiner etwas blumigen Sprache sogar: »You haven't got a snowball's chance in hell« – frei übersetzt: nicht den Hauch einer Chance.

Irgendwann hört Dirni auf zu filmen, und ich gehe im Kopf die Stellen in der Wand durch, die jetzt von Maestris Haken befreit sind. Peter und ich haben im Vorjahr eine ziemlich genaue Vorstellung unserer Linie für meinen Freikletter-Versuch gewonnen. Maestris Bohrhaken-Traverse wollen wir sowieso nicht benützen. Sie ist meiner Meinung nach einfach nicht frei kletterbar, wir müssen die Stelle umgehen, indem wir der Südostkante bis in die Iced Towers folgen. Dort sind noch alle Bohrhaken Maestris vorhanden, auch wenn wir sie nicht brauchen werden, wir sind also nur vom Fehlen der Haken in der Headwall betroffen. Aber unsere Route führt etwa zwanzig Meter unter dem Kompressor nach rechts, wir wollen auf einer großen Felsschuppe Stand machen und von da aus rechts der Bohrhaken bis ins Gipfelschneefeld nach oben klettern. Wir haben also für vielleicht dreieinhalb Seillängen das Problem, dass uns die Haken fehlen. Aber ich weiß, dass die Headwall zahlreiche Schuppen hat, wo wir uns mit Klemmkeilen und Friends sichern können. Ich weiß: Das Fehlen der Maestri-Haken wird unseren Versuch schwieriger und gefährlicher machen. Aber ihr Fehlen wird nicht über das Gelingen oder Scheitern meines Projekts entscheiden. Diese Einsicht fühlt sich erst einmal gut an. Wenigstens solange ich nicht zwanzig Meter über einer beschissenen Sicherung in der Headwall hänge.

Unser Lead Guide Markus Pucher hat Dirni aus dem Nipo Nino mit dem Satellitentelefon angerufen. Das Nipo Nino ist das Lager, um die Ostseite des Cerro Torre zu erreichen, eine windige, zugige Ecke, wo man in der Regel nur die nötigste Zeit vor oder nach einer Tour verbringt. Markus war bereits auf dem Weg zum Torre, um dort unseren Kameramann zu postieren, der meinen Freikletterversuch filmen sollte.

Aber diesmal, erzählt Markus, ist im Nipo Nino Party. Einige Amerikaner sind da, die mit Jason und Hayden feiern. Die beiden haben gerade ihre Tour auf den Torre geschafft und sind mit der sensationellen Nachricht zurückgekommen, dass sie beim Abseilen vom Gipfel mehr als 120 alte Haken der Maestri-Route herausgedreht oder abgeschlagen haben.

Auf der Website des »Alpinist« erscheint später ihre Erklärung dazu, in der die beiden das Entfernen der Haken mit dem Abriss der Berliner Mauer vergleichen.

»Die Geschichte«, formulieren sie, »bleibt nicht stehen.«

Ich bin mir nicht so sicher, was die Sache betrifft. Sie ist sehr kompliziert. Reinhold Messner hat in einem Aufsatz einmal die Verwendung von Bohrhaken als »Mord am Unmöglichen« bezeichnet. Das ist ein interessanter, philosophischer Ansatz, der sich auf das Vorgehen Cesare Maestris am Cerro Torre eins zu eins anwenden lässt. Maestri verschaffte sich mit technischen Mitteln die Möglichkeit, einen Berg zu bezwingen, der sonst für ihn zweifellos unmöglich gewesen wäre.

Der slowenische Alpinist Silvo Karo hat Messners grundsätzlicher Haltung eine interessante Perspektive hinzugefügt. Er sagte: Die Kompressorroute »ist der Zukunft gestohlen worden. Ohne all diese Bohrhaken wäre die Geschichte

20

dieses herrlichen Berges ganz anders verlaufen. Ich bin davon überzeugt, dass es im Alpinismus wichtiger ist, *wie* man klettert, als *was* man klettert.«

Dieser Gedanke bewegt mich sehr. Was für uns unmöglich ist, muss noch lange nicht für die Generationen nach uns unmöglich sein. Wir selbst sind hier, um etwas zu vollenden, was man bisher für unmöglich hielt.

Ich bespreche die Sache kurz mit Peter. Wir sind uns einig, dass wir die Aktion nicht besonders lässig finden. Wie ich die Tatsache, dass die Maestri-Haken nicht mehr in der Headwall stecken, grundsätzlich finden soll und welche Auswirkungen diese Tatsache auf den Zustand des Cerro Torre hat, weiß ich noch nicht. Ich brauche manchmal ein bisschen Zeit, um so komplexe Ereignisse zu analysieren und mir meine Meinung zu bilden, und diese Zeit habe ich gerade nicht.

Sicher ist, dass unser Projekt noch ein bisschen schwerer geworden ist.

Wir ziehen uns in den Container zurück und kontrollieren einmal mehr die Wetterdaten. Die meteorologische Botschaft ist eindeutig: Wir erwarten ein Wetterfenster, das optimale Bedingungen für unser Projekt mit sich bringt – wenig Wind, kein Niederschlag. Wir bereiten uns also darauf vor, demnächst ins Nipo Nino aufzubrechen und unseren Versuch am Cerro Torre zu starten.

In El Chaltén ist die Story, dass Jason und Hayden die Maestri-Haken aus der Wand geschlagen haben, *talk of the town*, Tendenz: negativ. Jason und Hayden werden bei ihrer Rückkehr ins Dorf Erklärungsbedarf haben, denke ich mir, aber dann wird es auch schon Zeit, dass Peter und ich uns für unsere eigene Tour fertig machen.

Ich bin inzwischen so oft von El Chaltén aufgebrochen, um den Cerro Torre frei zu klettern, dass ich gar keinen Gedanken daran verschwende, ob heute tatsächlich der Tag sein soll, an dem alles, was ich mir ausgedacht habe, endlich Wirklichkeit wird. Zu unberechenbar ist dieser Berg, zu oft hat er mich bereits mit all seinen Wetterlaunen und spezifischen Gefahren zum Umkehren gezwungen.

Es ist der dritte patagonische Sommer, den ich hier verbringe, und ich kann mit Sicherheit eines sagen: Ich bin jetzt 21, aber sicher nicht mehr derselbe junge Mann, der ich war, als ich vor zwei Jahren zum ersten Mal mit meinem Projekt hier ankam.

Der Cerro Torre hat viel von mir verlangt. Er hat mich als Kletterer, als Alpinist und als Mensch verändert. Dieser ungeheuer schöne, majestätische Berg mit seinem Charisma und seinen Tücken hat mich dazu gebracht, über das Klettern reiflich nachzudenken und meine eigene Rolle im modernen Alpinismus genauso zu reflektieren wie den modernen Alpinismus selbst. Ich habe Demut gelernt und Geduld. Ich habe eine Vorstellung davon bekommen, welchen Stellenwert das Klettern für mich hat und dass es sich lohnt, für den richtigen Weg und das Recht auf das eigene Abenteuer zu kämpfen. Ich habe gelernt, so lange an der eigenen Position zu feilen, bis sie unverrückbar und richtig ist. Ich habe gelernt, dass alpinistische Erfolge nicht von ungefähr kommen und niemandem einfach zufallen.

Klettern ist eine permanente Reise zu dir selbst. Der Cerro

Torre ist ein Ziel, das dir diese Tatsache immer wieder vor Augen führt, oft in den überraschendsten Momenten. Davon handelt dieses Buch.

2

Schon als Kind bin ich von den Bergbüchern meiner Eltern begeistert. Es sind Bücher über Nepal, das Land, aus dem mein Vater Rinzi kommt, in denen Berge abgebildet werden, deren Namen ich nicht aussprechen kann, die mich aber trotzdem faszinieren. Ich schaue mir die Wände an, wie sie hochziehen, und stelle mir vor, wie es wäre, sie zu durchsteigen. Schon damals sehe ich in der Struktur jedes Berges das, was Bergsteiger eine Linie nennen: den logischen Weg von unten hinauf auf den Gipfel.

Linien können sich stark unterscheiden. Manche sind leicht, manche schwer, manche sicher, manche gefährlich. Als ich die Bücher meiner Eltern durchblättere, kann ich diese Unterscheidung noch nicht treffen. Aber ich weiß, dass Linien Linien sind.

Der berühmte Tiroler Bergsteiger Peter Habeler sieht mich bei einem Sommercamp klettern, als ich fünf bin, und sagt meinen Eltern, dass ich talentiert bin. Meine Mutter Claudia bringt mich in der Klettergruppe von Reini Scherer unter, wo ich die Grundbegriffe des Sportkletterns lerne. In der Halle ist die Linie eine Frage der Farbe: Alle Griffe, die man benützen darf, um durch die Wand zu steigen, sind in der gleichen Farbe gehalten.

Beim Sportklettern geben die im Fels verankerten Bohrhaken den Verlauf der Route vor. Du hängst deine Expressschlingen in die Bohrhaken und dein Seil in die Expressschlingen und bist dadurch gut gesichert. Du kannst dich voll und ganz aufs Klettern konzentrieren. Die Absicherung erlaubt dir, jede Passage so oft wie nötig zu probieren. Ein Sturz hat keine Konsequenzen, du fällst einfach ins Seil. Wie die Route eingerichtet wird, interessiert eigentlich niemanden. Manche Sportkletterer setzen die Haken, indem sie von unten nach oben klettern und die Haken in den Fels bohren. Die meisten seilen sich aber von oben ab und verrichten die Arbeit am Seil hängend, was einfacher und weniger anstrengend ist.

Ich erzähle das so ausführlich, weil es erstens beschreibt, wie ich als junger Sportkletterer in der Trainingsgruppe von Reini Scherer das Klettern am Fels kennengelernt habe. Zweitens aber gehören das selbstverständliche Setzen von Bohrhaken und das entsprechende Einrichten von Touren zu den großen Missverständnissen, die mich in mein erstes großes Abenteuer als Alpinist begleiten.

Als ich zum ersten Mal nach Patagonien reise, um den Cerro Torre frei zu klettern, denke ich nicht in erster Linie darüber nach, ob die Absicherung durch Bohrhaken ein großes Problem ist. Für mich bleibt die Kletterherausforderung schließlich die gleiche, egal ob ich Haken setze oder nicht. Was mir unmöglich scheint – und mich deshalb so reizt –, hat mit diesen Haken nichts zu tun.

Klar, ich überlege mir, dass es elegant und sauber ist, mit

so wenig Haken wie möglich auszukommen. So viel Alpinist bin ich schon, dass ich das verstehe.

Im Normalfall ist Sportklettern ein total sicheres Unternehmen. Es geht auch nicht darum, dass es nicht sicher ist. Es geht darum, gut abgesichert so lange an die eigenen Grenzen zu gehen, bis man zuerst die einzelnen Stellen geschafft hat und am Ende die ganze Tour.

Im Alpinismus ist das anders. Die Unsicherheit ist ein bestimmender Faktor. Wetter. Ausgesetztheit. Beschaffenheit des Fels. Gefahren, die durch Eisschlag oder Lawinen drohen. Sehr allgemein gesprochen, geht es dem Alpinisten beim Klettern darum, Abenteuer zu erleben, die Probleme, denen er begegnet, auf individuelle Art zu lösen und dabei die Berge möglichst wenig zu belasten. Alpinisten hinterlassen auf ihren Touren, wenn möglich, keine Spuren.

Wenn der Sportkletterer also nicht weiter darüber nachdenkt, ob er für seine Tour einen Haken mehr oder weniger setzt, dann betrachtet der Alpinist das mit gemischten Gefühlen. Er bevorzugt temporäre Absicherungen wie Klemmkeile oder Friends, weil sie sich nach Gebrauch wieder entfernen lassen. Die Unversehrtheit des Berges ist ein Motiv, dem im Zweifelsfall sogar eine ähnliche Wichtigkeit beikommen kann wie der Sicherheit des Kletterers.

Schon bei meinen ersten schwierigen Touren im alpinen Gelände entscheide ich mich dafür, es mir nicht zu einfach zu machen. Das ist eher ein Ergebnis meines Instinkts als ein Resultat präziser, kletterphilosophischer Überlegungen. Als ich zum Beispiel mit meinem Freund Jorg Verhoeven, einem Wettkampfkletterer, mit dem ich auch gern in den

Bergen unterwegs war, eine Erstbegehung an der Sagwand im Valsertal unternehme, beschließen wir, jeden Bohrhaken nur mit der Hand in den Fels zu bohren. Das ist echt Arbeit, saugt aus, kostet Kraft und Zeit. Aber wir haben trotzdem darauf verzichtet, einen Akkubohrer mitzunehmen. Es ist, auch ohne genau darüber nachgedacht zu haben, für mich befriedigender, meine Route ohne den Einsatz von zu viel Technik zu Ende zu bringen.

3

Das Paradebeispiel für Technik am Berg ist das, was Cesare Maestri 1970 am Cerro Torre unternahm. Oder um es in den Worten von Yvon Chouinard, dem amerikanischen Big-Wall-Kletterer und Gründer der Outdoor-Marke Patagonia, zu sagen: »Das vielleicht unerhörteste Beispiel für die egoistische alpinistische Bestimmungsphilosophie, die darauf abzielt, Berge um jeden Preis zu erobern, auch wenn dafür Haken, Seile und Kabel am Fels zurückgelassen werden. Das entwertet eine Route, indem sie für die zugänglich bleibt, die weder die Fähigkeiten noch die Nerven haben, sie in gutem Stil zu klettern.«

Die Geschichte Maestris beginnt lange vor dem Bohrhaken-Desaster. Maestri, Jahrgang 1929, galt in seiner Jugend als einer der besten Kletterer der Welt. Diesen Ruf verdankte er vor allem seinen Touren in den Dolomiten, für die er den Spitznamen *Ragno delle Dolomiti*, Spinne der Dolomiten, bekam.

1959 reiste Maestri, der bis dahin noch kaum im Ausland geklettert war, mit seinen Kletterfreunden Toni Egger und Cesarino Fava nach Argentinien. Das Ziel der Seilschaft war der Cerro Torre, das Ergebnis der Expedition mutmaßlich der größte Schmarren der Alpingeschichte.

Der Cerro Torre galt zu dieser Zeit als »unmöglicher Berg«. In der Abgeschiedenheit des südlichen Patagoniens gelegen, Teil des Chaltén-Massivs im Grenzgebiet zwischen Argentinien und Chile, steht der Cerro Torre etwas abseits der Fitz-Roy-Kette. Die 3128 Meter hohe Granitnadel war unberührt und unbestiegen. Der Osttiroler Kletterer Toni Egger sagte, dass die Wände des Cerro Torre aussehen »wie mit dem Käsemesser geschnitzt«.

Der französische Alpinist Lionel Terray, dem 1952 die Erstbesteigung des Fitz Roy gelang, sagte nach seiner Expedition, dass der Fitz Roy mit Sicherheit der schwierigste Berg der Welt sei – nur »der Cerro Torre, ein Nachbar des Cerro Fitz Roy, ist viel schwieriger zu besteigen als dieser«. Terrays Expeditionsarzt Marc-Antonin Azéma ging in seinem Urteil noch weiter: »Das Problem einer Besteigung gibt es am Cerro Torre nicht… Allein der Gedanke an einen Versuch wäre irre. Lächerlich …«

Die Expedition Lionel Terrays begründete mit ihrem kategorischen Urteil den Mythos des Cerro Torre. Auf den wunderbaren Berg zwischen argentinischer Pampa und chilenischem Inlandeis konzentrierten sich von da an die Wünsche und Hoffnungen der besten Bergsteiger der Welt. Was könnte reizvoller sein, als etwas Unmögliches zu schaffen?

Auch Maestri fühlte sich vom Cerro Torre magisch angezogen. Er konkurrierte Ende der fünfziger Jahre mit seinem italienischen Landsmann Walter Bonatti um den inoffiziellen Titel des besten Bergsteigers der Welt. Die »unmögliche« Tour auf den Cerro Torre kam ihm dafür gerade recht. Maestri sparte in seiner Ankündigung, den »unmöglichen« Berg klettern zu wollen, nicht mit martialischer Rhetorik. »Für mich gibt es weder Bedenken noch Kompromisse«, trompetete er vor der Abreise nach Patagonien. »Entweder ich bezwinge diesen Berg, oder ich lasse mein Leben in seinen Wänden.«

Maestri wurde auf seiner Expedition von Toni Egger und dem Trientiner Cesarino Fava begleitet. Egger war ein brillanter Eiskletterer, Fava ein willensstarker Bergsteiger, der bei einer früheren Expedition schwere Erfrierungen an seinen Füßen davongetragen hatte, so dass der vordere Teil hatte amputiert werden müssen. Somit war klar, dass Fava die schwierigsten Passagen des Aufstiegs nicht würde mitmachen können.

Maestri, Egger und Fava wählten die Nordostseite als plausibelste Route für ihren Aufstieg auf den Gipfel des Cerro Torre. Sie kamen bei ihrem zweiten Versuch mit Hängen und Würgen bis zu einem dreieckigen Schneefeld etwa 300 Meter über dem Einstieg in die Wand. Gemäß der Version von Maestri passierte dann Folgendes: Er und Toni Egger seien von besagtem Schneefeld zügig weiter nach oben gestiegen und hätten – unter anderem über ein 300 Meter hohes, zwischen 20 Zentimeter und einem Meter dickes Eisfeld, das die Nordwand zur Gänze bedeckte – den Weg zum Gipfel in einem unglaublichen Tempo zurückgelegt. Cesarino Fava sei ins Base Camp abgestiegen, um dort auf die Kameraden zu warten.

Beim Abstieg, so Maestris Geschichte, sei man von schlechtem Wetter überrascht worden. Nahe dem dreieckigen Schneefeld wurde Toni Egger, der wohl die Fixseile für den Abstieg gesucht hatte, von einer Lawine erfasst und in die Tiefe gerissen. Mit ihm verschwand das Gipfelfoto, das auf dem Cerro Torre aufgenommen worden sein soll – fünf Wimpel im Wind, der über den Eispilz pfeift, ein italienischer, ein österreichischer, ein argentinischer, einer der Stadt Trient und das Banner der Società Alpinisti Tridentini. Der einzige Beweis für die Erstbesteigung des Cerro Torre. Erst sechs Tage später kehrte Maestri von seiner Tour zurück, erschöpft und fast erfroren fand ihn Fava am Fuß der Wand.

Maestris Geschichte schlug große Wellen. Die Erstbesteigung des Cerro Torre, wie er sie beschrieb, sprengte alle Grenzen, die der Alpinismus zu diesem Zeitpunkt kannte. Lionel Terray, der Erstbesteiger des Fitz Roy, nannte die Tour »das wichtigste alpinistische Unternehmen aller Zeiten«.

Maestris Erstbesteigung wurde groß gefeiert, Maestri widmete ihr ein Buch und unzählige Vorträge. Für fast ein Jahrzehnt etablierte er sich mit seiner Story als einer der führenden Abenteurer und Alpinisten der Welt. Doch die Geschichte schien zu genial, um wahr zu sein.

Im Jahr 1968 meldete eine englische Seilschaft, die Maestris und Eggers Tour wiederholen wollte, Zweifel an. Es gab Ungereimtheiten zwischen den Beschreibungen Maestris und dem, wie die Engländer den Berg vorfanden. Die Seilschaft scheiterte dort, wo Maestri den Aufstieg als »relativ leicht« beschrieben hatte, und konnte sich die gewaltigen Unterschiede zwischen ihrer und Maestris Wahrnehmung nicht erklären. Von da an wurde in der Kletterszene hinter vorgehaltener Hand darüber diskutiert, ob Maestris Geschichte überhaupt stimmen konnte.

Als eine italienische Seilschaft um Carlo Mauri im Februar 1970 eine andere Route auf den Gipfel wählte und 250 Meter unterhalb ihres Ziels umkehren musste, sprach Mauri diese Zweifel erstmals öffentlich aus:»Unser Sieg liegt darin«, schrieb er in einem Telegramm in die Heimat,»dass wir alle gesund und unversehrt vom unmöglichen Torre zurückkehren.«

Das Wort»unmöglich«war selbstverständlich ein Affront gegen Maestri. Es stützte sich nicht nur auf die offensichtlichen Ungereimtheiten in Maestris Beschreibung seiner Tour, sondern auch auf die Indizien, die die Engländer zusammengetragen hatten. Bis hinauf zu dem dreieckigen Schneefeld, wo Toni Egger mutmaßlich ums Leben gekommen war, waren die Spuren von Maestris Seilschaft eindeutig und einfach zu finden. Oberhalb des Schneefelds gab es jedoch keine Spuren mehr: weder Seile noch Haken, obwohl Maestri behauptet hatte, mindestens sechzig Haken mit einem Handbohrer in den Fels getrieben zu haben.

Maestri blieb bei seiner Version. Er gab Mauri beleidigt Kontra:»Der Cerro Torre ist nur für diejenigen unmöglich, die ihn nicht besteigen können.« Bis heute weicht Maestri keinen Millimeter von seiner Darstellung ab, den Cerro Torre als Erster bestiegen zu haben, obwohl spätestens der argentinische Kletterer Rolando Garibotti 2004 in einem penibel recherchierten Artikel für das »American Alpine Journal« unzählige Indizien dafür zusammengetragen hat, dass Maestris Geschichte nicht mehr ist als eine Geschichte. Die Reaktion Maestris war ein Denkmal seines Trotzes. Er reagierte patzig. Aber er tat nicht das Naheliegende, nämlich zur Wiederholung seiner Erstbesteigungsroute nach Patagonien zu reisen, sondern kündigte an, den Cerro Torre diesmal auf seiner schwierigsten Seite zu besteigen.

»Also gut, Herr Alpinist Mauri«, schrieb er, »gut, ihr Herren Zweifler, ihr wollt den Krieg? Ihr könnt ihn haben, aber ich kämpfe mit meinen Waffen. Ich werde zum Torre zurückkehren. Ich werde ihn an seiner schwierigsten Flanke attackieren, in der schwierigsten Jahreszeit.«

Reinhold Messner sagt, dass er bei dieser Ankündigung Maestris wusste, »dass die Geschichte von 1959 nicht stimmen kann. Warum sonst kehrt Maestri nicht zur einst von ihm und Egger anvisierten Route zurück? (…) Alle Zweifler ein für alle Mal mundtot zu machen, wäre nur an jener Route möglich gewesen, wo er mit Egger zum Gipfel gekommen sein will.«

Mein eigenes Gefühl sagt mir, dass Maestri nicht einmal zu seiner ersten Route zurückgekehrt wäre, wenn er die Wahrheit gesagt hätte. Ein Bergsteiger, der sich seiner Sache sicher ist, hat nicht die geringste Veranlassung, jemand anderem etwas zu beweisen. Ihm hätte die Gewissheit genügt, dass er auf dem Gipfel gestanden ist, und er hätte keinen Grund gehabt, auf den Cerro Torre zurückzukehren, weder über die Nordwand noch über die Südostkante.

Aber Maestri, inzwischen über vierzig, mietete im Juni

1970, im patagonischen Winter, einen Helikopter, um sein Material zum Einstieg einer neuen Tour auf den Cerro Torre zu fliegen. Das wichtigste Gepäcksstück dieser Expedition war der hundert Kilogramm schwere, benzinbetriebene Kompressor, den Maestri von der italienischen Firma Atlas Copco zur Verfügung gestellt bekommen hatte.

Der Kompressor machte es der Maestri-Expedition möglich, einen Bohrhaken nach dem anderen, insgesamt 350, für immer in den Granit des Cerro Torre zu versenken und sich so Haken für Haken unaufhaltsam in die Höhe zu arbeiten. Es muss eine epische Arbeit gewesen sein. Der Kompressor wog mit Benzin, Öl, Statikseil und Winde nicht weniger als 180 Kilo. Maestri und sein Partner Carlo Claus stiegen voran und bereiteten den Weg vor. Zwei andere Kollegen kümmerten sich um den Nachschub. An den Haken befestigte Maestri Fixseile, an denen er und die anderen sich zur Rast abseilten und wieder hochzogen, um die Arbeit fortzusetzen.

Bei ihrem ersten Versuch blieb die Seilschaft 54 Tage in der Wand, bis sie schließlich aufgab. Dem patagonischen Winter war nicht einmal mit dem maximalen Aufwand an Technik beizukommen.

Aber schon im November 1970 kehrte Maestri wieder. Er arbeitete sich zum Kompressor hoch, befreite ihn vom Eis und setzte den neuen Motor ein, den er zur Sicherheit mitgebracht hatte.

Am 1. Dezember kam die Seilschaft in der Headwall an. Maestri bohrte im Abstand von 90 bis 120 Zentimetern Bohrhaken um Bohrhaken in den Fels, an denen er Strickleitern und Seile einhängte. An den Leitern stieg er jeweils ein paar Sprossen hoch, um in Augenhöhe das Loch für den nächsten Haken in den Granit bohren zu können.

Reinhold Messner beschreibt die letzten Meter von Maestris Aufstieg in seinem Buch »Torre. Schrei aus Stein«: »In Trittleitern hängend, biwakieren Maestri, Claus und Alimonta ein letztes Mal in der Wand. Am folgenden Tag schaffen sie die letzten beiden Seillängen und stehen jetzt fast ganz oben, am Saum zwischen Fels und Eis. Über ihnen nur noch der Eispilz und der dunkle Himmel. Am 2. Dezember 1970, um halb fünf Uhr abends, ist Maestri endlich dort angekommen, wo er alle Kritiker unter sich weiß. Er steht auf der Kanzel, wo er der Welt seine Ehrlichkeit, sein Können, seine Überlegenheit predigen kann. Da ist keine Überheblichkeit in ihm, nur Genugtuung und Wut für die Zweifler, Dank für die Kameraden und Spott für die Möchtegerne.«

Aber Maestri kletterte nicht auf den Gipfel-Eispilz. Er sagte: »Für mich hört der Berg mit den letzten Felsen auf. Der Pilz kommt und geht.« Ich weiß nicht, ob er das wirklich glaubte, ob er Angst vor dem speziellen Rime Ice hatte, das den Gipfel überzieht wie ein überdimensionaler Zuckerhut, oder ob er aus einem anderen, tieferen Kalkül keine Eis-Ausrüstung mit durch die Headwall genommen hatte. Maestri drehte um, ohne auf dem Gipfel des Torre gestanden zu sein: Ich könnte mir vorstellen, dass er allem Aufwand, allem Wahn zum Trotz tief drinnen eine Hemmung spürte, als Erster auf dem Gipfel zu stehen. Vielleicht wollte Maestri sein Werk gar nicht zu Ende bringen, weil er in seinem Unterbewusstsein spürte, dass er nicht den Berg bestiegen, sondern monatelang auf einer Baustelle gearbeitet hatte. Angeblich erreichte ihn am Ende der Headwall die Nachricht, dass eine spanische Seilschaft ins Basislager gekommen sei, um seine Route zu wiederholen. Maestri begann zu toben und schlug in der obersten Seillänge auf zwanzig Metern alle Haken aus der Wand, weil er niemandem die Wiederholung der Tour an »seinen Haken« gönnen wollte. Da jedoch Schlechtwetter im Anzug war, mussten Maestri und seine Kameraden abseilen. Den Kompressor ließen sie am letzten Standplatz in der Headwall hängen. Er hängt noch heute da. Die Bohrhakenleiter blieb über vierzig Jahre in der Wand, bis sie von Jason Kruk und Hayden Kennedy abgeschlagen wurde.

4

Die Idee, den Cerro Torre frei zu klettern, entsteht in Chile. Auf einer Reise, die ich mit ein paar Freunden unternehme, bekomme ich an einem Rasttag eine alte Ausgabe eines südamerikanischen Klettermagazins in die Finger, in dem ein Artikel über den Torre steht. Der Berg gefällt mir auf den ersten Blick. Ich frage meinen Ötztaler Freund Hansjörg Auer, der den Torre bereits über die Maestri-Route geklettert ist: »Glaubst du, dass der Berg frei zu klettern geht?«

Hansjörg antwortet: »Das wär auf jeden Fall was für dich, David.«

Ich weiß nicht ganz genau, ob er das ernst meint oder ein

bisschen ironisch, was angesichts meines Alters und meiner bisherigen Erfahrung als Alpinist durchaus plausibel wäre. Aber ich betrachte Hansjörgs Einschätzung als Motivation und nehme mir vor, die Idee weiter zu verfolgen.

Zu diesem Zeitpunkt bin ich neunzehn Jahre alt, Schulabbrecher und erfolgreicher Sportkletterer in der Halle. Ich habe schon einige Jahre auf der Weltcuptour der Erwachsenen hinter mir, zwei Europameistertitel und zahlreiche Weltcupbewerbe gewonnen. Aber ich merke, dass der Reiz, den die Wettkämpfe in der Halle auf mich ausüben, nachlässt.

Der Cerro Torre. Ich kenne nur ein paar Fotos. Aber als ich nach Hause komme, beginne ich, Informationen über den Berg zusammenzutragen, der mir immer schöner vorkommt, je öfter ich ihn in den Büchern, Zeitschriften oder im Internet betrachte. Eine einzigartige Granitnadel, die im Westen von einer permanenten Eisschicht überzogen ist. Automatisch versuche ich, auf der strahlenden Oberfläche des Berges Linien zu entdecken, die ich vielleicht klettern könnte.

Der Cerro Torre regt meine Fantasie an. Ich denke mir, wenn ich mich auf das Projekt im Süden Patagoniens einlasse, dann handelt es sich dabei um den Flirt mit dem Unmöglichen, der mich immer schon gereizt hat. Es heißt, dass es unmöglich ist, den Cerro Torre über die Südostkante und die Kompressorroute frei zu begehen, und irgendwie ist für mich damit das Projekt bereits definiert.

Kann sein, dass es für mein Ego wichtig gewesen ist, mir selbst und allen anderen in der Halle zu beweisen, dass ich unter fairen Bedingungen an der Kunstwand einer der besten Kletterer der Welt bin. Ich habe als Zwölfjähriger Sachen gemacht, die damals kaum ein Sechzehnjähriger hinbekommen hat, und mich als Fünfzehnjähriger mit den besten Kletterern der Welt im Erwachsenenweltcup um die ersten Plätze gestritten. Das Größte, das Schwierigste war immer der Maßstab, mit dem ich meine Herausforderungen gemessen habe – und mit denen ich selbst gemessen wurde. Die Tatsache, ein »Wunderkind des Kletterns« genannt zu werden, wird mir einerseits vertraut, so oft, wie sie in den Berichten der Klettermagazine und Tageszeitungen auftaucht. Andererseits ist es mir selbst eine Verpflichtung, mein Talent und meine Fähigkeiten in immer größeren Zusammenhängen zu beweisen.

Als ich in der Halle als Fünfzehnjähriger meine ersten Weltcupbewerbe gewinne, packt mich nicht etwa der Ehrgeiz, meine Erfolge zu wiederholen und zu einer Serie oder Domäne auszubauen. Stattdessen empfinde ich eine vage Sehnsucht, der Normalität – und sei es der sehr außergewöhnlichen Normalität des Wettkampfsports – entkommen zu wollen und meine Ziele höher anzusiedeln als unter dem Dach der Kletterhalle.

Ich spüre, dass diese Ziele in den Bergen liegen. Ich bin schon immer gern am Fels geklettert und habe das Klettern dort genossen. Wenn man so will, war das Klettern in der Halle für mich die Arbeit und das Klettern am Fels das Vergnügen. An den vielfältigen Plastikgriffen der Halle habe ich mir technische Fertigkeiten erworben, die Alpinisten früherer Generationen nicht haben konnten, so sehr hat sich der Klettersport verändert und entwickelt. Ich will diese Fähigkeiten jetzt in alpinistische Abenteuer ummünzen. Ich will Herausforderungen annehmen, für die ich mich mit meinem Talent und meinem Kletterkönnen prädestiniert fühle. Ich möchte Abenteuer in Angriff nehmen, die auf den ersten Blick unmöglich scheinen. Das Unerreichbare lockt mich mehr als jede Spielform von Normalität.

Natürlich hätte ich mir für den Anfang auch etwas Kleineres, Bescheideneres aussuchen können als den Cerro Torre. Aber kleine Schritte sind in meinem Schaltplan nicht vorgesehen. Die Vorstellung, in den Alpen irgendwelche Klassiker zu wiederholen, wirkt zu diesem Zeitpunkt reizlos und bieder im Vergleich zur Idee, etwas auszuprobieren, was noch niemand geschafft hat.

Auf einer Skitour frage ich meinen alten Kollegen Daniel Steuerer, ob er sich vorstellen kann, mit mir gemeinsam den Cerro Torre zu machen.

»Klar«, sagt Daniel, dem die Aussicht auf ein Abenteuer am anderen Ende der Welt sofort einleuchtet.

Daniel kenne ich, seit ich sieben bin. Wir haben gemeinsam in Reini Scherers Klettergruppe trainiert, bis Daniel sich am Ellenbogen verletzte und nicht mehr an Wettkämpfen teilnehmen konnte. Dafür hat er das alpine Klettern für sich entdeckt und auch mich mit seiner Begeisterung dafür angesteckt. Wir sind Routen in den Alpen geklettert und waren auch gemeinsam im Yosemite Valley. Daniel ist ein guter Kletterer, vielleicht nicht Weltspitze, aber der einzige Kollege, mit dem ich mir vorstellen kann, die Monate einer Expedition auf engem Raum zusammenzuleben.

Ich habe ein großes Abenteuer vor Augen, Wildnis, Zelte, schwierigste Bedingungen. Dafür brauche ich einen Partner, mit dem ich mir nicht in die Haare gerate. Wir beschließen, im Winter 2009/10 für mehrere Monate nach Patagonien zu reisen, um den ganzen patagonischen Sommer für unser Projekt auszunützen. Das Ziel lautet: in dieser Zeit den Cerro Torre frei zu klettern.

Wie immer erzähle ich meinen Sponsoren davon, was ich vorhabe. Es ist mein Prinzip, meine Projekte selbst zu wählen. Aber ich biete meinen Unterstützern, mit denen ich seit dem Beginn meiner Wettkampfzeit zusammenarbeite, gerne an, meine Projekte zu dokumentieren. Wenn sie das möchten, okay. Wenn nicht, mache ich die Sache eben auf eigene Faust.

Bei Red Bull stoße ich auf unerwartete Skepsis. Flo Klingler, der dort mein Athletenbetreuer und erster Ansprechpartner ist, rät mir sogar dezidiert von dem Abenteuer ab. Ich soll, sagt er, noch zwei, drei Jahre in der Halle klettern und nicht schon jetzt, mit neunzehn, ein so monumentales Projekt angehen.

»Lass dir Zeit«, sagt Flo. »Der Torre läuft dir nicht davon.«

Dieser Rat schmeckt mir allerdings gar nicht. Ich sage Flo deutlich, dass ich auch ohne die Unterstützung von Red Bull nach Patagonien fahren werde, und zwar gleich in diesem Winter.

Flos Skepsis ist freilich nicht die Ausnahme. Alle, die genug Sachkenntnis besitzen, um mein Projekt am Cerro Torre richtig einordnen zu können, wissen um seine enorme Schwierigkeit und haben ihre Zweifel, ob ein neunzehnjähriger Wettkampfkletterer mit sehr überschaubarer Erfahrung als Alpinist dafür geeignet ist. Ganz klar, ich bin zu diesem Zeitpunkt noch ein gutes Stück von den Fähigkeiten der alpinistischen Weltspitze entfernt, ohne das selbst so sehen zu wollen.

Aber die Story ist gut. Je mehr unvoreingenommene Leute von dem Projekt erfahren, desto mehr merke ich, welches Potenzial das Projekt hat. Der Cerro Torre und seine Geschichte, der Versuch eines Neunzehnjährigen, ein bisher unmöglich scheinendes Klettervorhaben in die Tat umzusetzen – offenbar lassen sich auch andere vom Reiz dieses Projekts anstecken. Während ich mich auf die Expedition vorzubereiten beginne, wird bei Red Bull hinter den Kulissen bald nicht mehr darüber diskutiert, ob das Projekt eine Dokumentation wert ist, sondern ob ich den Funken einer Chance habe, es zu stemmen. Es ist dann ausgerechnet Flo, der meinem Projekt zu Anfang skeptisch gegenüberstand, der seine eigene Kompetenz als Kletterer für mich in die Waagschale wirft. Es ist sehr schwierig, sagt er, aber wenn es einer schaffen kann, dann der David.

Damit sind wir wieder einer Meinung. Red Bull beschließt also, mein Projekt am Cerro Torre filmisch zu begleiten. Für mich ist das grundsätzlich nichts Außergewöhnliches. Seit ich ein junger Kletterer war, habe ich immer Kameraleute dabeigehabt, die mich beim Klettern gefilmt oder fotografiert haben.

Der Unterschied liegt in der Tatsache, dass der Cerro Torre nicht ein Klettergarten im Ötztal ist, sondern ein abgeschiedener, ausgesetzter Berg auf der anderen Seite der

Welt. Dort ein Filmprojekt zu machen, gepaart mit den hohen Produktionsansprüchen, die wir haben, muss entsprechend aufwendig geplant und umgesetzt werden. Das Red Bull Media House nimmt sich dieser Aufgabe an und stellt das Team zusammen. Wir treffen uns in Salzburg und besprechen die Sache. Die Produzenten sind da, Thomy Dirnhofer, der Regisseur, und Heli Putz, der Mann, der als Lead Guide für die Sicherheit der Filmcrew sorgen soll.

Wir sprechen über den Film, das fantastische Potenzial des Stoffs. Thomy ist total begeistert von der Idee, buchstäblich alles zu dokumentieren, und seine Begeisterung steckt die anderen an. Jede Facette des Projekts soll gefilmt werden, überall soll eine Kamera sein, unten im Basislager, oben in der Headwall. So ehrgeizig das Vorhaben von der alpinistischen Seite her ist, so ehrgeizig sind die Vorstellungen des Filmteams. Es will den modernen Bergfilm schlechthin drehen, eine Dokumentation des »New-Media-Zeitalters«, mit allen technischen und gestalterischen Finessen.

Ein Hubschrauber soll nach El Chaltén verlegt werden, damit Luftaufnahmen produziert werden können. Der Regisseur soll am Berg sein, Kameraleute, ein Tonmann. Full Coverage.

Auch ich bin jetzt ganz hingerissen von der Aussicht, dass mein persönliches Projekt so einen Stellenwert einnimmt. Ich empfinde es als Privileg, diese Chance für mein künftiges Leben als Profialpinist geboten zu bekommen, und vergesse darüber, die Dimension der Angelegenheit von allen Seiten zu betrachten. Zum Beispiel kommt mir nicht in den Sinn, wie sich die Größe des Trosses auf die Geschwindigkeit von Daniel und mir auswirken wird, sobald wir zu klettern beginnen wollen. Welche Mittel notwendig sind, um die Sicherheit des gesamten Produktionsteams zu gewährleisten, Daniel und mich einmal ausgenommen.

Für die Sicherheit des Teams ist Heli Putz zuständig. Heli hat mit seiner Firma Outdoor Leadership schon eine Reihe von großen Produktionen gestemmt. Er macht einen angenehmen, kompetenten Eindruck auf die ganze Runde und auch auf mich. Er ist selbst schon auf einigen großen Bergen der Welt gestanden und hat eine genaue Vorstellung davon, wie ein Team von vier oder fünf Leuten am Berg perfekt abgesichert werden kann. Der richtige Mann, kein Zweifel.

Heli sagt, dass er Fixseile zu dem jeweils höchsten Punkt, an dem sich ein Kameramann befindet, einrichten muss. Das klingt plausibel, wir hinterfragen es nicht. Es versteht sich von selbst, sage ich, dass die Fixseile für die Kameraleute außerhalb der Kletterlinie befestigt werden, damit andere Seilschaften nicht von unseren Seilen belästigt werden. Die Standplätze, an denen die Seile fixiert werden, sollten wenn möglich mit natürlichen Sicherungsmitteln, Klemmkeilen oder Friends, eingerichtet werden. Jeder Bohrhaken, der trotzdem gesetzt werden muss, wird nach Ende der Produktion klarerweise wieder entfernt.

Klar. Selbstverständlich.

Ich gehe aus dem Meeting und bin euphorisiert. Der Start ist vielversprechend. Das Filmteam ist genauso motiviert wie ich selbst. Ich habe meine Position gut vertreten und gleichzeitig klargemacht, dass mein Kletterprojekt völlig unabhängig vom Filmprojekt funktionieren wird. Der

Film hat, wenigstens theoretisch, keinen Einfluss auf das Projekt selbst. Daniel und ich lassen uns von der Logistik des Filmteams nicht helfen. Wir tragen unser Gepäck und das Kletterzeug in die entsprechenden Lager. Wir treffen unsere Entscheidungen unabhängig von den Bedürfnissen des Filmteams. Das Filmteam macht seinen Job, wir machen unseren. Ich bin für mein Projekt verantwortlich, das Filmteam für seins.

5

Maestris Kompressor ist das radikalste Beispiel dafür, wie man Technik am Berg einsetzen kann. Niemand würde heute auf die Idee kommen, solche Mittel anzuwenden. Selbst der Einsatz von Akkubohrmaschinen ist nicht besonders verbreitet.

Es ist nicht angemessen, auf einem Berg wie dem Torre durch den Einsatz von Maschinen das Unmögliche möglich zu machen. Die Technik eliminiert auf gewisse Weise den Faktor Abenteuer und die Unsicherheit, die den Alpinisten begleitet – und zu einem gewissen Teil das Abenteuer erst ausmacht.

Als gelernter Sportkletterer empfinde ich bei meinen ersten alpinistischen Versuchen das Setzen von Bohrhaken nicht unbedingt als Tabu. Für mich steht ja die Kletterleistung im Vordergrund, nicht der Faktor Abenteuer. Dass ich keine Bohrmaschine dabeihabe, hat den Grund, dass ich sie für überflüssig halte. Ich versuche immer, möglichst schnell und effizient zu klettern, und dabei kann ich keine schwere, sperrige Bohrmaschine im Gepäck brauchen.

Aber hinter der Frage, wo und wie ein Kletterer Bohrhaken setzt, steckt viel mehr. An der Frage, ob man Technik am Berg einsetzen darf, wie viel und warum, scheiden sich verschiedene alpinistische Denkschulen. Als Alpinist, der sensibel vorgehen möchte, geht es mir weniger um das Erreichen des Gipfels als um die Art, wie man klettert. Wenn eine Route nicht zu klettern ist, habe ich das zu akzeptieren. Ich habe kein Interesse daran, der Unmöglichkeit ein Schnippchen zu schlagen, indem ich Technik einsetze.

Cesare Maestri richtete auf dem Cerro Torre eine »Direttissima« auf den Gipfel ein, eine Route, die keine Rücksicht auf die feinen Strukturen nahm, die auf dem ganzen Berg zu erkennen sind, wenn man nur hinschaut. Er drückte dem Berg den Stempel seines Willens auf. Seine »Kompressorroute« ist »ab der Wandmitte ein kompletter Klettersteig«, kommentierte der Kletterer Alex Huber etwas giftig.

Reinhold Messner hat die Entschlossenheit zur »Direttissima« in einem sehr interessanten Aufsatz den »Mord am Unmöglichen« genannt. In diesem Aufsatz kritisiert er den Einsatz des Bohrhakens hart.

»Der Bohrhaken ist selbstverständlich geworden«, schreibt Messner schon 1968, zwei Jahre vor Maestris monumentaler Bohraktion. »Auf die Gefahr hin, dass es sonst nicht geht, hat man ihn immer dabei. Ein Tapferer hält sich heute den Fluchtweg immer offen. Der Mut wird in Form von Haken im Rucksack mitgetragen oder Seillänge für Seillänge aufgezogen. Die Wände werden nicht mehr durchklettert, sondern die Arbeit wird Tag für Tag fortgesetzt. … Nicht Mut, sondern die Taktik entscheidet. Die Leistung ist groß: soundsoviele Tage und hundertmal wieviele Haken.«

Als ich zum ersten Mal zum Cerro Torre reise, kenne ich diesen Text Messners noch nicht. Dabei berührt er etwas ganz tief in mir.

Das Unmögliche ist schließlich mein Verbündeter, seit ich als Kind begonnen habe zu klettern. Wenn ich als Zehnjähriger Freikletterschwierigkeiten in der Halle meistern kann, die viele berühmte Kletterer früherer Generationen nie klettern konnten, kann ich auch am Berg Projekte in Angriff nehmen, die bisher unmöglich schienen. Dachte ich zumindest.

Das gilt aber nur, wenn die Alpinisten vor mir Respekt vor dem Unmöglichen bewiesen haben. »Jetzt … ist es vielen gleichgültig«, schreibt Messner weiter, »wo sie die Bohrhaken (und Haken!) schlagen, ob in alten oder neuen Führen. Man nagelt zu viel und klettert viel zu wenig. Der Begriff ›unmöglich‹ ist abgeschafft.«

Der »Mord am Unmöglichen« bezieht sich auf eine Zeit, als das Bergsteigen noch leichter zu interpretieren war. Bergsteigen hieß, irgendwie auf den Gipfel zu kommen. Die Ausrüstung war im Vergleich zu heute marginal. Viele klassische Routen wurden von Alpinisten geklettert, die sich ihr Seil um den Leib geschlungen hatten und maximal ein paar Haken dabeihatten, um sich zu sichern.

Freies Klettern spielte im Alpinismus der fünfziger und

sechziger Jahre keine Rolle, auf jeden Fall nicht als Kletter-philosophie. Manche Alpinisten kletterten frei, wenn sie sich auf große Routen vorbereiteten, und ihre Ausrüstung ließ ihnen gar keine andere Möglichkeit, als die Schwierigkeiten in den Wänden mehr oder weniger durch freies Klettern zu lösen.

Erst die Revolution des Materials – die Entwicklung von Bohrhaken, Klemmkeilen und Friends – machte es mög-lich, vorhandene Schwierigkeiten durch den gezielten Ein-satz von Technik zu überwinden. Erst so konnte das Setzen eines Bohrhakens dabei helfen, eine Wand zu durchsteigen, die ohne dieses technische Hilfsmittel undurchsteigbar ge-blieben wäre. Das ist, was Messner den »Mord am Unmög-lichen« nennt.

Für mich, einen Kletterer des 21. Jahrhunderts, hat das Freiklettern eine völlig andere Bedeutung. Beim Sportklet-tern ist es selbstverständlich, dass alle Schwierigkeiten der Wand nur durch eigene Geschicklichkeit, Kraft und mentale Stärke gelöst werden. Der Faktor Sicherheit ist für mich, seit ich klettere, eine Selbstverständlichkeit. Die permanente Ab-sicherung am Bohrhaken ist die Voraussetzung dafür. Selbst wenn durch die Wand, die ich in Angriff nehme, eine Bohr-hakenleiter führt, stellt sich für mich nur die Frage, ob ich die körperlichen und mentalen Fähigkeiten habe, die Route frei oder Rotpunkt, ohne Sturz, zu klettern.

Für mich liegt es in der Natur der Sache, gefahrlos an meine Grenzen gehen zu können. Stürze bleiben ohne Kon-sequenzen.

Im alpinen Gelände kommt eine zweite Dimension dazu:

der Stil. Dadurch wird alles komplexer. Es geht, wie Silvo Karo gesagt hat, nicht mehr allein darum, ob du auf den Gipfel kommst, sondern wie. Diese Frage hängt im Alpinen unmittelbar mit der Absicherung zusammen. Auf diese Weise kommt auch der Bohrhaken wieder ins Spiel. Wenn du dir als Alpinist erlaubst, technisch zu klettern, dann ziehst du dich an deinen Sicherungspunkten in die Höhe. Zahlreiche Alpinisten haben das in der Vergangenheit zum Beispiel an Maestris Bohrhakenleiter getan.

Sobald du als Alpinist den Bohrhaken als technisches Hilfsmittel verwendest, wird jede Wand möglich. Beim freien Klettern muss das nicht so sein. Als ich über die freie Begehung des Cerro Torre nachdenke, scheint mir selbstverständlich, dass der freie Kletterstil so wertvoll ist, dass mich allein der Versuch, den Berg zum ersten Mal frei zu begehen, dazu legitimiert, dafür auch Bohrhaken zu verwenden: nur zu meiner Absicherung, aber dafür eben doch. Die freie Begehung ist für mich ohne jeden Zweifel der schönste, höchste Stil, in dem man auf den Cerro Torre klettern kann. Diese substanzielle Leistung heiligt, denke ich, die Mittel, die im Sportklettern selbstverständlich sind.

Der Cerro Torre aber ist die Ausnahme von allen Regeln. Der Berg ist mit seiner Schönheit, seiner Schwierigkeit und seiner Geschichte ein Sonderfall. Alles, was du an diesem Berg versuchst oder in Angriff nimmst, unterliegt genauester Beobachtung. Die Tatsache, dass Maestri hier dem unglaublichen Berg eine unglaubliche Geschichte auf den Leib geschrieben hat, verstärkt jedes alpinistische Manöver um den Faktor 100. Wenn es auf der Welt einen Berg gibt, auf dem mit einem Höchstmaß an Sensibilität geklettert werden muss, dann ist es der Cerro Torre.

Wie heikel das sein kann, erfahre ich am eigenen Leib.

**Der erste patagonische Sommer,
November 2009 bis Januar 2010**

*»Mein Gefühl sagte mir
damals: Dieses Projekt ist
wahrscheinlich eine Nummer
zu groß für dich. Was ich
nicht wusste, war, dass es
mindestens zwei Nummern
zu groß für mich war.«*

6

Wir kommen Mitte November 2009 in Patagonien an. Erster Eindruck: sehr viel Gras und eine ungewohnte, fast einschüchternde Weite. Keine Berge in Sicht. Wir steigen in den Bus und fahren Richtung El Chaltén. Es ist eine unspektakuläre Fahrt, links und rechts nur Pampa. Manchmal sieht man riesige Kondore am Himmel kreisen. Sie haben es auf die Kadaver von Guanakos abgesehen, kamelartigen Tieren, die sich in den Zäunen am Straßenrand verfangen haben und verendet sind. Auch El Chaltén ist nicht unbedingt eine Sehenswürdigkeit. Nach seiner Gründung 1985 lebten hier nicht mehr als hundert Leute, die nur über elendslange Schotterpisten mit dem Rest der Welt verbunden waren. Inzwischen ist die Hauptstraße asphaltiert, und das Städtchen ist zu einem Sammelpunkt für Trekking-Gruppen geworden, die sich das Fitz-Roy-Massiv und den Cerro Torre aus der Nähe ansehen wollen – und natürlich für Kletterer und Bergsteiger, von denen jeder seinen eigenen Traum mitgebracht hat.

Wir mieten uns bei Eduardo ein, in einem kleinen Zimmer. Gleich neben der Pension ist ein winziger Shop, wo man bis zwei Uhr früh alles Nötige kaufen kann. Ein paar hundert Meter die Straße hinunter gibt es eine Cervecería, in der man gut ein, zwei Bier trinken kann.

Gleich nach unserer Ankunft ist das Wetter richtig gut, also verlieren wir keine Zeit. Ich kann es kaum erwarten, den Berg, der mich seit einem Jahr in seinen Bann zieht, mit eigenen Augen zu sehen. Ich habe mir über die Geschichte des Cerro Torre ganz gegen meine sonstigen Gewohnheiten einiges an Wissen angelesen. Also weiß ich auch, wie selten hier gutes Wetter ist.

Daniel und ich packen unser Kletterzeug zusammen, um es ins erste Lager zu tragen. El Chaltén ist gut dreißig Kilometer vom Cerro Torre entfernt. Der erste Teil der Strecke führt durch den Nationalpark zum Bridwell Camp. Es hat seinen Namen von Jim Bridwell – ausgerechnet jenem Typen, der meinem Projekt »not a snowball's chance in hell« gibt. Ein super Omen.

Jims Camp liegt etwas unterhalb der Baumgrenze auf dem Weg von El Chaltén zum Cerro Torre, im Windschatten der letzten Bäume, die dort wachsen. Der Wind bläst in Patagonien permanent und in einer erstaunlichen Lautstärke. Sobald du aus dem Windschatten der Bäume hinaustrittst, kannst du dich nur noch schreiend unterhalten. Böen kommen abrupt und heftig, sie schmeißen einen manchmal fast um. Angeblich kann man bis zu Windstärke 9 klettern, das entspricht einer Windgeschwindigkeit von ungefähr 80 km/h. Auf dem Cerro Torre pfeift der Wind oft mit Windstärke 20.

Der Nationalpark wird von einem Fluss durchquert, über den keine Brücke, sondern ein Seilübergang führt. Dieser Übergang wurde von Tirolern gebaut und heißt »Tirolese«. Man hantelt sich hier samt Gepäck über den Fluss.

Wir marschieren drei Stunden zum Bridwell Camp, deponieren unser Gepäck, gehen zurück nach El Chaltén, schlafen dort, brechen zeitig am nächsten Morgen wieder auf, um ins Nipo Nino zu gelangen, von dem aus wir die eigentliche Tour auf den Cerro Torre beginnen wollen.

Vom Bridwell Camp führt der Weg am linken Ufer der Laguna Torre vorbei und dann hinaus auf den Gletscher in eine beeindruckende Eiswelt. Tiefe Spalten klaffen. Das Panorama auf die umliegenden Berge ist gewaltig. Alles ist so groß. Der Himmel ist hoch. Was ich hier sehe, ist mindestens um eine Dimension größer als alles, was ich in den Alpen bisher gesehen habe.

Weit hinten am Gletscher trennen sich die Wege derer, die ins Fitz-Roy-Massiv wollen, und derer, die den Cerro Torre im Visier haben. Eine norwegische Seilschaft, die vor einigen Jahren auf den Cerro Torre wollte, hat weiter oben ein Lager eingerichtet, das seither »Norwegerlager« heißt. Eine polnische Gruppe mit dem Ziel Cerro Fitz Roy schlug ihres auf der anderen Talseite auf, das »Polencamp«. Das Lager, das wir ansteuern, liegt weiter talauswärts und heißt »Nipo Nino« – also »weder Polen noch Norweger«.

Der Fußmarsch dauert acht Stunden und ist echt anstrengend. Das Wetter ist schlecht, der Wind bläst unangenehm, und auf dem letzten Drittel des Aufstiegs beginnt es zu schneien. Daniel jammert, dass seine Füße kalt sind. Als wir im Lager ankommen, wird mir klar, warum es auch den Kosenamen »Sandy Beach« hat. Zwischen riesigen Granitblöcken haben sich regelrechte Sandbänke aus Granitabrieb gebildet. Wir ebnen eine dieser Sandflächen und deponieren zwischen den Steinen unser Material. Dann gehen wir zurück nach El Chaltén.

Das Wetter wird schlecht, wir lernen zu warten. Es ist kühl. Der Wind pfeift. Wir studieren im Internet die Wetterkarten und telefonieren mit Charly Gabl in Innsbruck. Charly ist der Leiter der ZAMG, der Zentralanstalt für Meteorologie und Geodynamik. Er hat Zugriff auf die genauesten Wetterdaten und kann sie auch richtig interpretieren. Wenn Charly sagt:»Keine Chance, Jungs«, dann wissen wir, dass das Wetter so trostlos bleiben wird, wie es gerade ist: Der Cerro Torre ist in dichte Wolken gehüllt und nicht zu sehen. Der Wind tobt.

Wir warten darauf, dass Charlys Stimme endlich einmal anders klingt, wenn wir ihn anrufen, anders als»keine Chance«. Optimistisch, hell und aufmunternd.

Das Zauberwort heißt»Wetterfenster«. In dem Teil Patagoniens, wo wir uns aufhalten, ist das Wetter besonders oft schlecht. Die Tage, an denen auch am Berg die Sonne herauskommt und der Wind nicht wie verrückt bläst, lassen sich in manchen Monaten an einer Hand abzählen. Zu diesem Zeitpunkt wissen wir noch nicht, dass der Winter 2009/2010 der patagonische Sommer sein wird, in dem das Wetter so schlecht ist wie seit Jahrzehnten nicht mehr.

Wir vertreiben uns die Zeit mit Wanderungen. Wir stoßen unterwegs zum Bridwell Camp auf den alten Weg, der nach einem Waldbrand gesperrt worden ist und jetzt durch ein Labyrinth schneeweißer Stämme mit schwarzen Schmauchspuren führt, eine Theaterkulisse für ein apokalyptisches Stück.

Charly: »Leider, Jungs. Keine Chance.«

Ich gehe, obwohl das Wetter schlecht ist, vom Nipo Nino hinauf zur »Schulter«, wo die eigentliche Kletterei erst beginnt. In den Alpen wäre schon dieser Zustieg eine Tour für sich allein: zuerst eineinhalb Stunden über eine Geröllhalde, auf der du nicht wirklich weiterkommst. Nach jedem Schritt, den du gemacht hast, rutschst du einen halben Schritt zurück. Es ist ziemlich steil. Am Ende der Halde befindet sich das »Norwegerbiwak«. Von hier ist es nicht mehr weit bis zur »Media Luna«, einem Schneefeld, das sich in der Form eines Halbmonds um die gleichnamige Felswand krümmt. Das Schneefeld ist ungefähr 50 Grad steil und 400 Meter lang.

Es ist besser, das Schneefeld von Media Luna sehr zeitig in der Früh zu durchqueren. Wenn die Sonne herauskommt, weicht der Schnee, der in der Nacht gefroren und hart war, ziemlich auf, und du sinkst bis zu den Knien ein. Hinter Media Luna geht es wieder über den Gletscher unter die Ostwand des Cerro Torre. Es folgen ein 120 Meter langes, 50 Grad steiles Schneefeld, dann ein kurzes Stück kombiniertes Gelände, ein weiteres Schneefeld, das bis zur Schulter führt, dem Col de la Paciencia.

Hier deponieren wir ein kleines Zelt und etwas Ausrüstung im Bergschrund, der Randspalte an der Basis der Granitwand. Von hier geht es senkrecht nach oben. Meine eigentliche Aufgabe liegt also dort, wo ich hinschaue, wenn ich den Kopf weit in den Nacken fallen lasse. Im Nebel. In den Wolken.

7

Daniel und ich bereiten uns auf den Tag vor, an dem das richtige Klettern beginnt, aber als das Wetter besser zu werden verspricht, fängt sich Daniel irgendeinen Virus ein und muss im Bett bleiben. Die Kameraleute starten also bereits einen Tag vor uns, um ihre Vorbereitungen zu treffen.

Die Ausgangslage ist die: Zwei Bergführer, der Kärntner Markus Pucher und der Osttiroler Peter Ortner, bringen die Kameraleute so in Position, dass sie unseren Aufstieg dokumentieren können. Außerhalb der Kletterlinie wird eine eigene Tour eingerichtet, auf der Fixseile von ganz oben bis zum Fuß der Ostwand verlegt werden. Auf den Fixseilen können die Kameraleute in die Höhe klettern. Sie sind mit Steigklemmen, sogenannten »Jumars«, ausgerüstet, die sich im Seil verhaken und verhindern, dass sie nach unten rutschen. So kann man relativ einfach das Seil entlang nach oben klettern.

Für mich ist klar, dass dafür der eine oder andere Bohrhaken in den Fels kommen muss. Ich halte das nicht für problematisch, schließlich wird das Filmteam jeden Haken, den es setzt, nach Abschluss des Projekts wieder entfernen. Außerdem fühle ich mich nicht für die Arbeit des Filmteams verantwortlich. Ich mache meinen Job, das Filmteam macht seinen – wie wir das bei unserem Meeting im Red Bull Media House besprochen haben.

Die Bergführer, die das Filmteam engagiert hat, sind ausgezeichnete Kletterer. Bei Licht betrachtet bin ich alpinistisch doch noch etwas unerfahrener als die Burschen, deren Job es ist, die Kameraleute auf den Berg zu bringen, und ich will mich nicht dem Vorwurf aussetzen, ich hätte mir bei meinem Projekt von routinierten Bergführern helfen lassen. Es ist schwer genug, die beiden Projekte in der Öffentlichkeit auseinanderzuhalten. Ab dem Moment, als ich bekannt gebe, den Cerro Torre frei klettern zu wollen, wird mein Projekt mit der gleichzeitig verlautbarten Ankündigung, dass ein Film darüber entstehen soll, in einen Topf geworfen. Meistens heißt es misstrauisch, Red Bull plant irgendwas am Cerro Torre.

Obwohl ich immer wieder versucht habe, klarzustellen, dass es um mein Projekt geht, das von einem Filmteam dokumentiert wird, verstummen die Zweifel nicht: Was hat ein neunzehnjähriger Sportkletterer, der alpinistisch ziemlich unbedarft ist, auf dem Cerro Torre verloren? Und dazu ein Weltkonzern, der mit Alpinismus nichts zu tun hat? Obwohl mein Projekt frei von jedem Kalkül ins Leben gerufen wurde, kursieren Gerüchte, dass es sich um einen gigantischen Werbeclip für Red Bull handle. Riecht komisch, sagen die Zweifler, nach Kool-Aid oder Gummibären.

Mir kommt es manchmal vor, als wüssten alle anderen mehr über mein Projekt als ich selbst. Bei meinen Versuchen, die Sache klarzustellen, lerne ich zum ersten Mal eine Eigenart der Blogosphäre kennen: Je deutlicher man sich gegen Gerüchte stellt, desto mehr fühlen sich die, die sie verbreiten, bestätigt. Das Dementi gilt der Internetwelt als Bestätigung.

8

Unseren ersten richtigen Versuch auf dem Torre starten Daniel und ich bei genialem Wetter, auch wenn Charly uns gesagt hat, dass es nicht lange genial bleiben wird. Wir steigen zur Schulter hoch und klettern von dort aus die Südostkante entlang, der Maestri-Route folgend, bis zur Bolt-Traverse. Das Filmteam hat wegen Daniels Virus einen Tag Vorsprung. Die Bergführer haben die Fixseile gespannt, damit die Kameraleute bis zur Bolt-Traverse mit aufsteigen können. Der Lead Guide hat entschieden, dass von der höchsten möglichen Position eines Kameramanns bis nach ganz unten Fixseile gespannt sein müssen. Jeder Kameramann muss sich abseilen können, wenn die Verhältnisse sich plötzlich ändern und gefährlich werden. Dafür werden etwa dreißig Bohrhaken im Fels befestigt. An diesen Bohrhaken wird sich später ein gehöriger Shitstorm entzünden.

Das Wetter ist gut, aber die Verhältnisse sind schwierig. Als ich in die Bolt-Traverse einsteige, höre ich plötzlich, wie es laut zu pfeifen und zu donnern beginnt. Aus den Iced Towers, die in Richtung Gipfel hinaufziehen, brechen riesige Eisbrocken ab und kommen herunter.

Wir sind an diesem Vormittag spät dran. Immer wieder mussten wir auf die Kameraleute warten – so viel zur völligen Unabhängigkeit der beiden Projekte –, und jetzt hat die Sonne den Fels der Ostwand bereits so stark aufgewärmt, dass sich die riesigen Eisschollen zu lockern beginnen. Wir müssen damit rechnen, dass in den nächsten Stunden einiges an Eis die Wand herunterkommt. Ich überlege, ob wir trotz der prekären Umstände weiterklettern sollen – und entscheide mich dagegen. Wenn so ein Brocken, der einen mal zwei Meter groß sein kann, dort einschlägt, wo du gerade in der Wand hängst, brauchst du dir nicht mehr zu überlegen, wo du am Abend dein *bife de chorizo* essen gehst.

Ich bin ein bisschen verärgert. Wären wir früher dran gewesen, wäre der Gipfel heute vielleicht zu machen gewesen. Nicht im freien Stil, das nicht, aber ich hätte den Berg besser kennengelernt und vielleicht eine Antwort auf die Frage bekommen, die mich seit unserer Ankunft am meisten umtreibt: ob meine freie Begehung überhaupt möglich sein wird.

Wir verbringen insgesamt drei Tage auf der Schulter. Daniel und ich unternehmen noch einen zweiten Versuch, aber die herunterfallenden Eispanzer machen uns wieder einen Strich durch die Rechnung. Da das Wetter keine Anstalten macht, sich zu bessern, steigen wir ab.

Das Wetter bleibt die ganze Zeit scheiße. Wir verbringen viel Zeit in der Cervecería, hören viel argentinische Musik, und ich verliere langsam, aber sicher mein Gefühl für Zeit, Pläne und Pflichten. Plötzlich leuchtet mir, der normalerweise alles andere als faul ist, ein, wie die Leute hier in El Chaltén in den Tag hineinleben und sich treiben lassen. Ich lasse mich auch treiben, jedenfalls, wenn ich beim Studium der Wetterkarten sehe, dass sich am Scheißwetter auch in den nächsten Tagen nichts ändern wird.

9

»Wetterfenster.« Endlich sagt Charly das Zauberwort.

»Ein Schönwetterfenster im Anzug. Schauts, was geht, Burschen.«

Wenn das Schönwetterfenster im Anzug ist, hängt das schlechte Wetter noch über dem Berg. Trotzdem lassen Daniel und ich uns nicht zweimal bitten. Wir packen nach dem Telefonat mit Charly das Nötigste zusammen und machen uns auf den Weg ins Nipo Nino.

Wir ziehen an, es ist schon Mittag vorbei. Vollgas hinauf zum Bridwell Camp, dann überqueren wir den Gletscher und treffen nach sechs Stunden im Nipo Nino ein. Das Schönwetterfenster ist noch nicht da. Es schneit. Der Wind bläst zornig und macht es unmöglich, sich zu verständigen, ohne zu schreien. Die Schneekristalle, die mich im Gesicht treffen, sind scharf und schmerzhaft.

Wir schälen uns aus der Ausrüstung und lassen uns ins Zelt fallen. Saumüde. Ich stelle den Wecker auf Mitternacht. Wir müssen früh los, damit wir schon in der Wand sind, wenn das gute Wetter eintrifft.

Am nächsten Tag steigen wir zur Schulter auf, dorthin, wo morgen die echte Kletterei beginnen soll. Das Wetter ist schlecht. Schneefall und ein bissiger, heulender Wind. Wir biwakieren im Bergschrund und beschwören die Tatsache, dass morgen früh endlich das gute Wetter da sein wird.

Als der Wecker läutet, muss ich nicht nach draußen, um zu checken, dass das Schönwetterfenster noch nicht da ist.

Der Wind bläst genauso verrückt wie gestern, als wir angekommen sind.

Egal. Raus aus dem Schlafsack, es muss jetzt losgehen. Draußen ist es saukalt. Der Wind hat die ganze Nacht Schnee in unser Biwak gewirbelt. Zum Frühstück gibt es »Steinpilztopf Schwarzwald«, einen Klassiker aus dem Angebot von Travellunch. Gegen eins steigen wir ein. Der Fels ist kalt, in den Rissen und Spalten kleben Schnee und Eis. Schönes Klettern sieht anders aus. Die Bedingungen werden auch nicht besser, im Gegenteil. Der Wind wird stärker. Ich arbeite mich den Banana Crack hinauf und ärgere mich darüber, wie mühsam das ist. Was ich hier tue, hat nichts mit dem zu tun, wie ich mir Klettern in Patagonien vorgestellt habe. Ich schiebe einen Friend in einen Riss, hänge das Seil ein und ziehe mich daran hoch. Dabei wäre dieser Riss super frei zu klettern, wenn es die Verhältnisse nur ein bisschen gut mit uns meinen würden.

Aber ich muss mich weiter in die Höhe schuften. Wenn es hell wird und das Wetterfenster kommt, will ich möglichst weit oben sein. Noch einmal möchte ich nicht zu spät dran sein und die Chance verpassen, auf den Gipfel zu kommen.

Die neunte Seillänge führt über einen mächtigen Pfeiler. Die zehnte durch eine senkrechte Wand, an deren Oberfläche flache Felsschuppen kleben, die alle in dieselbe Richtung zeigen. Ich halte mich an diesen Schuppen fest. Meine Füße drücken gegen die Wand hinter den Schuppen, ohne einen richtigen Vorsprung zu finden, so dass mich nur die Reibung der Sohlen am Fels hält. Es schneit. Der Wind brüllt. Die Wand ist sowieso schon sparsam strukturiert, und jetzt ist wegen des Scheißwetters jeder winzige Vorsprung mit Schnee bedeckt und total rutschig.

Ich taste mit der Hand nach einer geeigneten Spalte, die ich im Licht meiner Stirnlampe gerade noch erkennen kann, und drücke einen Friend hinein, mehr, um mich zu beruhigen, als weil ich wirklich daran glaube, dass er einen Sturz halten wird.

Als ich nach der nächsten Schuppe greife, rutscht mein Fuß ab. Ich versuche mich noch zu halten, aber ich greife ins Dunkle, ich habe keine Chance, mich festzuhalten. Ich spüre, dass ich die Kontrolle verloren habe, aber ich sehe mein Leben nicht wie einen Film vor meinem Auge ablaufen: Ich denke nur an den Friend, den ich gerade in den Riss gedrückt habe, und ob er halten wird oder ob es mich jetzt wirklich weit zum Stand hinunterwichst, aber noch bevor ich mir ausmalen kann, was dann passiert, hänge ich auch schon im Seil, weil der Friend, mein Freund, tatsächlich gehalten hat.

»Was ist?«, ruft Daniel von unten aus der Dunkelheit. Er hat nur meinen kurzen Schrei gehört, als ich abrutschte.

»Volle ausgerutscht«, rufe ich zurück.

»Alles okay?«, schreit Daniel, um das Heulen des Winds zu übertönen.

»Passt schon«, schreie ich zurück. Aber das stimmt nicht.

Mein Puls hämmert extrem schnell. Ich merke jetzt auch, dass mir der Fuß weh tut, weil ich ein bisschen blöd reingelandet bin.

Ich tue, was ich immer tue, wenn ich ins Seil gestürzt bin. Ich mache dort weiter, wo ich aufgehört habe. Ziehe mich am Seil hoch und klettere dort weiter, wo ich ausgerutscht bin.

Aber es ist nicht wie vorher. Ich fühle mich unsicher. In meinem Kopf hämmert die Frage: Was passiert, wenn es mich tatsächlich haut? Ich male mir das nicht im Detail aus, aber ich weiß: Es ist nicht gut. Und ich merke etwas Alarmierendes. Die Selbstverständlichkeit, mit der ich den nächsten Griff suche und den nächsten Zug mache, ist angeknackst. Als wäre ich besoffen, besoffen vom Schrecken, den mir der Sturz in der Dunkelheit dieser Wand eingejagt hat.

Am Ende der Seillänge treffen wir Markus, einen der Bergführer. Er ist über die Fixseile »raufgejumart«, die für die Kamerateams gelegt wurden. Er hat gar nicht mitgekriegt, dass ich in Schwierigkeiten war, und will mich jetzt auf dem Weg zur Bolt-Traverse begleiten, von wo die Iced Towers hinaufziehen, über die es zur Headwall geht. Über der Headwall sitzt nur noch der Gipfel-Eispilz, unser Ziel.

Wir ziehen die Steigeisen an und gehen über das fünfzig Grad steile Schneefeld hinauf zu Stand elf und von dort über kombiniertes Gelände zu Stand zwölf. Die Bolt-Traverse ist eine Schlüsselstelle für den Aufstieg, und ein bisschen gutes Wetter würde jetzt nicht schaden. Es ist vier Uhr früh, und das Schönwetterfenster ist noch immer nicht da. Zeit, bei Charly nachzufragen, für wann er den blauen Himmel bestellt hat.

In Innsbruck ist es jetzt acht Uhr früh. Charly sitzt vermutlich mit der »Tiroler Tageszeitung« an seinem Schreibtisch und wartet darauf, dass sein Telefon läutet. Deshalb haben wir auch unser Satellitentelefon dabei und rufen jetzt bei Charly an. Er hebt nach dem ersten Freizeichen ab.

»Servus, Charly. Bist du dir sicher, dass deine Wetterprognose stimmt?«

Es ist saukalt, der Wind pfeift noch immer. Wir haben uns vielleicht fünf Minuten lang nicht bewegt, und schon vereisen die Handschuhe. An der Oberfläche unserer Goretex-Jacken bleibt der Schnee kleben.

»Gebts mir zehn Minuten«, sagt Charly.

Ich sage okay, aber Daniel mault, dass ihm gleich die Eier abfrieren.

Nach zehn Minuten rufe ich noch einmal an.

Charly sagt: »Ein bisschen Geduld, Burschen. Alles sieht danach aus, dass das Wetterfenster in sechs Stunden ...«

Danke, wir haben genug. Wir drehen um. In zwei Stunden seilen wir uns bis zur Schulter ab, dort trinken wir etwas und kriechen sofort in die Schlafsäcke.

Die Kälte, der Wind, das Erschrecken. Ich bin total erledigt. Um zehn Uhr wache ich auf. Daniels Kopf liegt auf meiner Schulter. Markus liegt quer über unsere Beine. Ich krieche aus unserem Biwak, weil ich jetzt wissen will, ob Charly vielleicht doch recht gehabt hat. Aber das Wetter ist unverändert beschissen. Der Berg ist von dichten Wolken umhüllt, und wie um mich ganz sicher zu machen, trifft mich ein Windstoß so heftig, dass ich aus der Balance gerate. Keine Chance auf den Gipfel heute, ganz sicher nicht.

Ich sage den Kollegen im Bergschrund Bescheid. Dann erhitze ich Wasser und mache mir einen Kaffee. Daniel trinkt Tee, und Markus führt sich ein Nasi Goreng von Travellunch

Die vereiste Westseite des Cerro Torre bot nach der Entfernung
der Maestri-Haken die einzige Aufstiegsmöglichkeit für das Filmteam.

Aufstieg zum Col de la Paciencia beim ersten Gipfelversuch, 2011. Die stark vereiste Ostwand des Torre zwang uns schon bei der Hälfte zum Umkehren.

Peter Ortner beim Bouldern mit argentinischen Kollegen, 2011.
Im Hintergrund El Chaltén.

Oben: Kameramann Lincoln Else und ich beim Fischen, 2012.
Unten: Interview vor Peters und meinem Container in El Chaltén, 2012.

20 Meter unterm Gipfeleispilz, 1500 Meter überm Gletscher. Die letzte Seillänge führte durch unberührten Fels, vor allem eine mentale Herausforderung.

Daniel Steuerer und ich beim Abstieg nach unserem letzten Versuch 2010. Die Enttäuschung lässt sich aus unseren Gesichtern ablesen.

Selbstporträt von Peter
Ortner beim Zustieg
auf dem Schneefeld
Media Luna unterhalb
der Ostwand, 2011.

Einen Tag später, nach dem gescheiterten
Versuch in der Schneehöhle auf der Schulter.

Biwak in den Iced Towers während unserer freien Begehung 2012. Peter und ich mussten zwei Stunden Eis aus dem Schneefeld hacken, bis ein Sitzplatz für

die Nacht entstanden war. Der Lohn: erste Reihe fußfrei bei einem grandiosen Sonnenuntergang.

Peter und ich auf dem Gipfeleispilz des Cerro Torre, nachdem uns die freie Besteigung geglückt war. Links, in übermächtiger Perspektive, der Poincenot.

Oben: Im Schneegestöber auf einer der letzten Seillängen der Aguja de la S.
Unten: Beim Zustieg zur Aguja Saint-Exupéry, 2011. Die Verhältnisse sind

schlecht, der Fels ist vereist. Wir müssen den Versuch abbrechen.
Rechts: Bei der Besteigung des Poincenot auf der Carrington-Rouse, 2011.

Peter Ortner kämpft sich die Bridwell-Seillänge hoch, während ich frierend auf Maestris Kompressor stehe, der noch immer in der Headwall hängt, 2011.

zu Gemüte. Wir verbringen ein bisschen Zeit im Zelt, bis wir hören, dass der Wind nachlässt, dann gehen wir zurück nach El Chaltén, 30 Kilometer weit, 2000 Höhenmeter hinunter. Um acht Uhr abends sind wir zu Hause und fallen todmüde ins Bett. Wir wissen noch nicht, dass es für dieses Jahr unser letzter Versuch gewesen ist, den Cerro Torre zu besteigen.

10

Das Wetter bleibt scheiße. Wir hängen ziemlich viel in der Cervecería herum und hören Salsa. Die Mädels, die den Laden schmeißen, sind super. Sie mögen uns, und wir mögen sie. Ich bin meinem großen Ziel keinen Schritt näher gekommen, aber das verursacht mir gerade überhaupt keine Sinnkrise. Die südamerikanische Leichtigkeit hat mich erfasst. Ich habe das Gefühl, nur für den Moment zu leben, und dieser Moment gefällt mir gerade sehr gut. Tagsüber gehen wir Bergkristalle suchen, von denen es hier eine Menge wunderschöner Exemplare gibt, manchmal bouldern wir an Felsblöcken rund um El Chaltén, abends sitzen wir mit Andrea und den anderen Mädels der Cervecería an groben Holztischen und versuchen uns zu unterhalten – oder so ähnlich, ich kann kaum Spanisch.

Wir feiern Weihnachten und Silvester in El Chaltén, und irgendwann ist mir klar, dass das in dieser Saison nichts mehr wird mit meinem Projekt. Einmal starten Daniel, der Fotograf Corey Rich und ich noch hinauf auf die Schulter. Wir kommen erst spät an, gegen sechs oder halb sieben, weil wir von El Chaltén durchmarschiert sind, und sehen, dass es während der letzten Schlechtwetterperioden extrem viel geschneit hat. Wo wir das Zelt und das Kletterzeug deponiert hatten, liegen jetzt sechs oder sieben Meter Schnee. Keine Ahnung, wo genau wir nach unserem Material graben sollen. Wir finden es nicht. Also kehren wir um. Wir lassen die Ausrüstung unter dem Schnee. Wir werden die argentinischen Helfer, die das Filmteam angeheuert hat, bitten, auch unser Zeug so bald wie möglich von der Schulter zu holen. Als wir uns von den Mädels in der Cervecería verabschieden wollen, sehen wir, dass sie auf die schwarze Tafel, wo sonst die diversen Biersorten aufgelistet sind, eine Botschaft an uns geschrieben haben:»Dani and David, please don't leave. We will miss you.«

Ich komme zurück nach Europa und erlebe etwas ganz Neues: Ich habe Schwierigkeiten, mich an den Rhythmus meiner Heimat anzupassen. Alles geht schnell, jeder will etwas, mein Kalender, der in den letzten Monaten eine einzige weiße Fläche gewesen ist, sieht plötzlich wieder ganz bunt aus vor lauter Meetings, Verabredungen, Interviews.

Alle fragen mich mehr oder weniger einfühlsam und höflich, wie ich das Scheitern meines Projekts erkläre. Ich antworte dann, dass ich nicht finde, dass es gescheitert ist, dass ich gescheitert bin. Stattdessen weiche ich auf eine weniger verletzende Formulierung aus. Das Projekt ist nur *on hold*, sage ich und versuche zu überspielen, was ich mir selbst nicht eingestehen will: dass das Projekt eben doch gescheitert ist, und zwar eindeutig. Gleichzeitig weiß ich, dass ich nächstes Jahr auf jeden Fall wiederkommen möchte und dass die Erfahrungen, die wir in dieser Saison gemacht haben, dann von essenzieller Bedeutung sein werden.

Denn ich bin zwar weder am Cerro Torre frei geklettert, noch habe ich seinen Gipfel auch nur aus der Nähe gesehen, aber ich habe etwas anderes erlebt: Ich bin in eine neue Welt eingetaucht. Ich habe den Berg, den ich zu kennen glaubte, in seiner Schönheit und Unberechenbarkeit erst kennengelernt. Ich habe ein Gefühl dafür bekommen, wie enorm die Dimensionen des Projekts sind, das ich mir vorgenommen habe, und wie vielschichtig die Aufgaben sind, die auf mich warten. Ich weiß ganz genau, dass ich im nächsten Winter wieder nach Patagonien reisen werde. Dann kenne ich die Anforderungen, die an mich gestellt werden, um einiges besser. Dann bin ich besser auf das, was mich erwartet, vorbereitet.

Das sage ich jedem, der mich fragt. Was ich nicht sage: Ich spüre jetzt, dass das ganze Ding für mich in diesem ersten Jahr noch zu groß gewesen ist. Vielleicht wäre ich besser erst einmal nach Patagonien gefahren, um den Cerro Torre persönlich in Augenschein zu nehmen, bevor ich hinausposaune, dass ich etwas Unmögliches an seinen Wänden schaffen möchte. Aber ich bin es schon als Sieben-, Achtjähriger gewohnt gewesen, Dinge in Angriff zu nehmen, die für viel Ältere außer Reichweite waren, und ich dachte mir, dass jemand, der eine 8c-Mehrseillängentour in den Alpen an einem Tag klettern kann, wohl auch eine 8c-Wand auf dem Cerro Torre bewältigt. Ich war mir sicher, dass die Fähigkeit, zur richtigen Zeit alle meine Kräfte und meine volle Konzentration abrufen zu können – wie ich es bei unzähligen Wettkämpfen gelernt habe –, der letzte Puzzlestein sein würde, der mein Projekt am Torre komplettiert. Dabei fehlt mir im Moment nicht nur der letzte Puzzlestein, sondern alle anderen fehlen auch.

Die Monate in Patagonien haben mir ein bisschen was von meiner Forschheit, von der Selbstverständlichkeit, dass alles, was ich anpacke, sofort gelingen muss, heruntergeräumt. Dabei hat der Wirbel, den mein Versuch auf dem Cerro Torre auslösen sollte, noch gar nicht begonnen, und damit die große und fundamentale Krise meiner jungen Karriere als Alpinist.

Die Kontroverse um die Regeln der Kunst

»Es hätten überhaupt keine Bohrhaken gesetzt werden sollen, David.«

»Es handelt sich schließlich um den Cerro Torre. Unmöglich, hier einen unbedeutenden Fehler zu machen.«

11

Ein paar Wochen nachdem wir zurück nach Europa gereist sind, klettert der argentinische Bergsteiger »Rolo« Garibotti auf den Col de la Paciencia. Er findet dort zahlreiche Bohrhaken, die für das Filmteam installiert worden sind. Von da an kommen ziemlich intensive Vibes über den Atlantik. Rolo ist vielleicht kein Weltklassekletterer, aber bestimmt ein ausgezeichneter Alpinist. Er ist auch ein entschiedener Vertreter alpinistischer Ethik, ein Historiker Patagoniens und jemand, der Reinhold Messners Theorie vom Bohrhaken als »Mord am Unmöglichen« ohne große Einschränkungen unterstützt. Es war Rolo Garibotti, der in seinem fulminanten Aufsatz »A Mountain Unveiled« für das »American Alpine Journal« die Erstbesteigung des Cerro Torre durch Cesare Maestri als Bergmärchen interpretierte.

Rolo kennt den Torre wie seine Westentasche, er versteht sich irgendwie als »Hausmeister« des Berges. Er ist außerdem einer jener Alpinisten, für die nur das Klettern selbst Berechtigung hat – ein Filmteam, das dieses Klettern dokumentiert, ist ihm schon grundsätzlich ein Dorn im Auge, weil es für das Klettern selbst nicht notwendig ist und den Berg unnötig belastet.

Er kritisiert nicht nur, dass wir einige Rucksäcke an Material auf dem Col gelassen haben und dass für das Filmteam sechzig neue Bohrhaken installiert wurden. Er greift auch das Gerücht wieder auf, dass wir einen Werbeclip für Red Bull drehen wollten und aus kommerziellen Motiven die alpinistische Ethik ignoriert haben.

Ich selbst treibe mich nicht besonders oft auf den vielen Kletter-Websites herum und erfahre erst von Rolos Breitseite, als Flo mich anruft und darauf aufmerksam macht.

Als ich den Blogeintrag lese, traue ich meinen Augen nicht: sechzig Bohrhaken? Was schreibst denn du da für einen Scheiß? Ich habe keinen einzigen Bohrhaken gesetzt, mein Freund, für die Bohrhaken des Filmteams trage nicht ich die Verantwortung, sondern eben das Filmteam! Weder stimmen die Fakten, noch zielst du auf den Richtigen! Wie komme ich dazu, dass du mich für etwas angiftest, wofür ich nichts kann?

Aber Rolos Blog ist nur der Anfang. Das Internet steht Kopf, scheint mir, es produziert einen Tsunami von Kommentaren, Gerüchten und Anschuldigungen. Wer hat die Bohrhaken eingebohrt? Ich? Die Bergführer? Die Bergführer für mich? Zum Teil sind die Anschuldigungen so absurd, dass ich überhaupt nicht auf die Idee komme, sie ernst zu nehmen. Dann erreicht mich ein E-Mail von Erik Lambert, einem Redakteur des »Alpinist«, einer bedeutenden amerikanischen Kletterzeitschrift.

Erik fragt mich, warum wir so viel Zeug auf dem Torre gelassen haben.

Ich schreibe ihm wahrheitsgemäß zurück: dass wir das Zeug wegen des schlechten Wetters und der Lawinengefahr nicht mehr rausholen konnten, das jedoch im nächsten Jahr nachholen werden.

Ich ahne jetzt, dass der Wirbel noch längst nicht ausgestanden ist, und erwarte mit gemischten Gefühlen, was der »Alpinist« schreiben wird. Am 1. Juni 2010 erscheint dann dieses ausführliche Posting auf alpinist.com, das ziemlich genau zusammenfasst, wie die Fronten gerade verlaufen:

Das österreichische Wunderkind David Lama kam im November 2009 mit einem noblen Plan nach Patagonien. Der Neunzehnjährige und sein Partner Daniel Steuerer wollten den ersten Versuch einer freien Begehung der Südostwand des Cerro Torre starten: auf der Kompressorroute. Nach drei Monaten Schlechtwetter und mehreren Fehlversuchen reisten die Kletterer und ihre Filmcrew wieder ab und hinterließen etwa sechzig neue Bohrhaken und 700 Meter Fixseile.

1959 behauptete Cesare Maestri, den Cerro Torre erstbestiegen zu haben. Seine Behauptung wurde bezweifelt und während des nächsten Jahrzehnts heftig diskutiert. Maestri kehrte 1970 zurück, um zu beweisen, dass er den Gipfel erreichen konnte – dieser Beweis wurde allerdings auf Kosten des Berges geführt. Maestris Team installierte ungefähr 450 Bohrhaken – inklusive einer Bohrhakenleiter in der Headwall –, die mit einem Kompressor in den Fels gedreht wurden. Es sind die berüchtigtsten und umstrittensten Bohrhaken auf der Welt. ...

In einem Interview mit redbull.com am 17. November 2009 – dem Tag vor seiner Abreise nach Argentinien – verglich Lama die heutige Ethik mit jener von Maestri:»Cesare Maestri... hinterließ eine regelrechte Autobahn von Bohrhaken an der Südwestflanke des Berges, was mit der heutigen Kletterethik nichts mehr zu tun hat...« Lama bestätigte, dass er die erste freie Begehung der Kompressorroute versuchen und den

Berg wieder verlassen werde, ohne Spuren auf dem ikonischen Gipfel zu hinterlassen. Er erklärte, dass es »nicht in unserem Interesse ist, Spuren zu hinterlassen«.

Um das erwünschte Material zu bekommen, installierte die Red-Bull-Filmcrew, die Lamas Aufstieg dokumentierte, etwa sechzig Bohrhaken. Die Crew schraubte eine neue Abseillinie von unten bis zum Col de la Paciencia [der Schulter]. Sie fügten auch darüber einige neue Haken hinzu, wie der argentinische Guide Horacio Graton bestätigte. Manche in Positionen, »wo es bereits natürliche Sicherungen gibt und wo nicht einmal Cesare Maestri 1970 bohrte«, sagte der Kletterer und Patagonien-Historiker Rolando Garibotti.

Am Ende der Saison wurden Graton und drei weitere Führer von Red Bull beauftragt, die von der Filmcrew hinterlassenen Überreste aufzuräumen. Die vier trugen Gerät vom Col herunter und 700 Meter Seil aus der Fixseil-Route. Eine Presseaussendung des Red Bull Media House erklärte, dass »nur Bohrhaken und eine Haulbag auf dem Berg gelassen wurden, um eine rasche Fortführung des Projekts in der nächsten Saison zu erlauben«.

In einer E-Mail an den »Alpinist« sagt Lama, dass schlechtes Wetter und »Lawinengefahr« das Team daran gehindert hätten, seine Ausrüstung vor der Abreise abzutransportieren. Lama plant, im nächsten [patagonischen] Sommer zurückzukehren, um die Befreiung der Südostwand zu Ende zu führen; das Filmteam hat vor, die gesetzten Bohrhaken dann wieder zu entfernen.

Trotz dieser Versprechungen haben Kletterer angemerkt, dass die Haken selbst nach ihrer Entfernung sichtbare Narben

im Fels zurücklassen werden. Andere sind skeptisch, dass das
Metall überhaupt entfernt werden wird. Wenn die schlechten
Wetterbedingungen diesmal die Filmcrew am Aufräumen hin-
derten, könnte schlechtes Wetter die Hoffnungen auf herausge-
drehte Haken wieder zunichtemachen.

Ärgerlicher ist vielleicht jedoch, dass überhaupt neue Haken
auf einer Route eingeschlagen wurden, die als eine der be-
rühmtesten Touren der Welt gilt.

»Ich möchte gerne wissen, was passiert, wenn ich in diesem
Sommer nach Österreich komme und Dutzende Bohrhaken
in ›Locker vom Hocker‹, Wolfgang Güllichs und Kurt Alberts
berühmte Route, einschlage oder in Routen von Mathias
Rebisch oder Albert Precht«, schrieb Garibotti unlängst auf
Desnivel.com zu diesem Thema. »Was die Fixseile betrifft, würde
mich interessieren, wie die Leute reagieren, wenn ich Fixseile
für einen ganzen Sommer in Routen wie dem ›Fisch‹ auf der
Marmolada oder der ›Philipp-Flamm‹ auf der Civetta oder der
›American Direct‹ auf der Westseite der Dru oder irgendeiner
anderen klassischen Route der Alpen hängen ließe.«

Ich bin ziemlich aus dem Häuschen, als ich diese Meldung
lese, zumal sie nur eine von vielen Stimmen ist, die sich in
den nächsten Tagen und Wochen vernehmen lassen und alle
dieselbe Stoßrichtung haben. Einhelliger Tenor: Wir haben
Scheiße gebaut. Wir haben Grenzen überschritten. Ein paar
Typen schreiben entrüstete, aber noch irgendwie sachliche
Kommentare. Andere schreiben nur: Fuck David Lama.
Ein paar rufen dazu auf, Red Bull zu boykottieren, ein paar
raten Red Bull, den Sponsorvertrag mit mir aufzulösen. Die

Nachricht geistert durch die diversen Kletterforen. Die Zahl der Haken, die wir eingeschlagen haben sollen, wird immer größer. Die Empörung nimmt zu. Auf der Protestplattform change.org werden Proteste gegen mich und Red Bull organisiert, die von zahllosen Leuten unterzeichnet werden, unter Garantie auch von vielen, die keine Ahnung davon haben, was am Cerro Torre wirklich gelaufen ist oder wo der Cerro Torre überhaupt steht.

In der Kletterwelt ist jetzt selbst der Hinterletzte darüber informiert, dass die David-Lama-Expedition auf den Cerro Torre nicht nur keinen Erfolg hatte, sondern auch ein moralisches Desaster war.

Im ersten Moment halte ich die ganze Aufregung für ziemlich ungerecht. Ich habe schließlich nur die Verantwortung für die Kletterei übernommen und nicht für das, was das Filmteam unternommen hat. Klar, es sind zwei Teile eines Ganzen, aber ich bin die Sache nicht umsonst so streng getrennt angegangen: Daniel und ich haben uns mehr oder weniger so benommen, als wären wir zu zweit am Berg. Wir haben uns von den Trägern der Filmcrew kein bisschen Gepäck auf den Berg tragen lassen und auch von der sonstigen Infrastruktur der Filmcrew nicht profitiert. Wir haben am Anfang festgelegt, wie sich das Team auf dem Berg verhalten soll, aber unser Lead Guide hat offenbar andere Entscheidungen getroffen. Ich selbst habe keinen einzigen Bohrhaken in den Fels gebohrt. Wieso werde jetzt aber ich von allen in den Arsch getreten?

Es ist eine Reaktion von mir, die vielleicht ein bisschen

wehleidig ausfällt. Das hat damit zu tun, dass ich von der Situation überfordert bin. Ich denke nur darüber nach, wie ich die Vorwürfe entkräften und Fakten richtigstellen kann, will aber noch nicht einsehen, dass wir grundsätzlich Scheiße gebaut haben. Red Bull und ich geben jeweils eine Stellungnahme heraus. Darin werden die Vorwürfe relativiert, und wir verweisen auf die Tatsache, dass wir die Haken im nächsten Jahr sowieso entfernen werden. Wir vergessen nicht darauf hinzuweisen, dass jeder Schritt, den das Team im Nationalpark gemacht hat, genehmigt war und den Nationalpark-Regeln entsprach. Tatsächlich hat sich das Red Bull Media House bemüht, ganz besonders sauber und umsichtig vorzugehen. Man hat Drehgenehmigungen bei den Nationalpark-Autoritäten eingeholt. Man hat sich eine Hubschrauber-Überfluggenehmigung für den Torre besorgt. Die Bergführer des Filmteams haben unzählige Seilstücke, die andere Expeditionen am Berg zurückgelassen hatten, wieder mitgenommen und entsorgt. Wir hatten, als wir heimreisten, nicht das Gefühl, etwas falsch gemacht, sondern umgekehrt, alles ganz besonders richtig gemacht zu haben. Umso herber schmeckt jetzt die Kritik. Aber die Kletterwelt hat ihre eigenen Gesetze, und je mehr wir uns bemühen, die Vorwürfe zu relativieren, desto mehr Vorwürfe handeln wir uns ein.

12

Aus Kanada meldet sich der Kletterer Will Gadd, der auch bei Red Bull unter Vertrag steht. Er will wissen, was los ist, seine amerikanischen Kollegen machen ihm wegen seines Red-Bull-Helms die Hölle heiß. Will möchte zwischen den Fronten vermitteln, indem er die Fakten minutiös auflistet und die Sache ein für alle Mal klarstellt.

Wir sprechen via Skype miteinander. Will gibt sich alle Mühe, mich zu verstehen, als ich ihm erkläre, dass keinesfalls wie beschrieben sechzig Bohrhaken gesetzt wurden und dass ich die Kritik für total überzogen halte. Dann sagt er etwas Bemerkenswertes: Es hätten überhaupt keine Bohrhaken gesetzt werden sollen, David.

»Not a single bolt should have been placed, David.«

Ich kenne Will nicht persönlich, aber er scheint mir ein diplomatischer und belesener Typ zu sein. Sein kategorischer Befund kommt mir zwar hart vor, aber er hinterlässt einen starken Eindruck und berührt etwas, woran ich selbst auch schon diffus gedacht habe, ohne jedoch zu einem klaren Ergebnis zu kommen. In unserem Gespräch sagt Will außerdem: Wenn Fehler gemacht wurden, muss man sich dazu bekennen.

Will telefoniert auch mit Heli Putz. Er bittet ihn um die konkrete und korrekte Anzahl der Bohrhaken und macht ihm klar, dass es keine Gelegenheit zur Beschönigung mehr gibt. Sollten sich die Angaben als nicht korrekt erweisen, werde man ihm, Will Gadd, dafür die Eier abschneiden.

Heli zeichnet ein Topo, auf dem die Positionen aller Bohrhaken eingezeichnet sind, und schickt es an Will. Will veröffentlicht in einem gut recherchierten Blog, was er gemäß seiner Recherche für Vorwürfe hält und was für Realität. Er sortiert die Vorwürfe und stellt ihnen gegenüber, was für ihn die Fakten sind. Wills Schlussfolgerung besteht darin, dass einerseits die Vorwürfe überzogen sind, andererseits jedoch überhaupt keine Bohrhaken nötig gewesen wären.

Im Red Bull Media House, wo die Sache permanent diskutiert wird, ist man nicht dieser Meinung. Im Mittelpunkt der Überlegungen steht das Filmprojekt. Es herrscht die Gewissheit, dass ein Projekt dieser Größenordnung und dieses Qualitätsanspruchs nur so durchzuführen sei, wie das in der vergangenen Saison angegangen wurde: mit Bohrhaken, Fixseilen und dem Plan, nach getaner Arbeit alles wieder zu entfernen. Was dabei nicht erkannt wird, ist, dass die Realisierung des Films dabei zweifellos über der Frage steht, ob sich die Expedition ethisch korrekt auf dem Berg bewegt.

Ich selbst beschäftige mich in diesen Tagen permanent mit der Kritik, in deren Kreuzfeuer ich stehe. Auch wenn ich am Anfang trotzig reagiere und meinen Standpunkt nach Kräften verteidige, versuche ich für mich selbst dahinterzukommen, was hinter den Anschuldigungen steckt und warum sie mit solcher Wucht über mich hereingebrochen sind.

Natürlich geht mir die Frage nach dem Filmteam durch den Kopf, an der sich die Einwände vor allem festmachen. Die Kernfrage kann ich bereits beantworten. Braucht es das Filmteam unbedingt, damit ich mein Projekt fortsetzen kann? Die Antwort ist nein.

Ich bin Kletterer, kein Showmensch. Ich denke an das Gespräch mit Flo, in dem ich ihm sagte, ich fahre auch allein nach Patagonien, ganz egal, ob ihr mich unterstützt oder begleitet. Das bedeutet, dass wir für die Zukunft des Projekts intensiv darüber nachdenken müssen, welche Hierarchie zwischen dem Kletter- und dem Filmprojekt hergestellt werden muss. So wie es war, kann es auf jeden Fall nicht mehr sein. Ich merke, dass ich noch keine konkreten Antworten habe, aber dass ich dabei bin, sie zu finden.

Die Diskussion im Netz geht ohne Unterbrechung weiter. Hauptthema: Was soll jetzt mit den Bohrhaken geschehen? Soll man sie abschlagen? Soll man sie drinnen lassen, weil der Schaden eh schon angerichtet ist? Soll man sie absägen oder rausdrehen? Und soll man das Loch anschließend wieder zumachen?

Manche Leute sagen: Wenn die Haken schon drinnen sind, dann soll man sie auch drinnen lassen, weil man sie vielleicht bei irgendwelchen Rettungsaktionen gut brauchen kann. Andere Leute sagen: Die Scheiße ist schon passiert. Es ist egal, was ihr macht, ihr könnt nichts rückgängig machen. Wieder andere sind nicht so unversöhnlich. Sie meinen, dass uns ein Fehler passiert ist, aber wenn wir die Haken wieder rausnehmen, ist die Sache auch wieder okay.

Die Aufregung ist überdimensional – auch das ist keine Überraschung. Es handelt sich hier schließlich um den Cerro Torre. Um den mythischen, den unmöglichen Berg. Unmöglich, hier einen unbedeutenden Fehler zu machen. Alle Schäden, die wir angerichtet haben, werden in einen direkten Zusammenhang zu dem ethischen Kapitalverbrechen Cesare Maestris gestellt und entsprechend hoch gehängt. Die Tatsache, dass das Filmteam für die Befestigung der Fixseile eine Bohrmaschine verwendet hat, wird uns als genauso verwerflich angelastet wie Maestri sein Kompressor. Aber auch die Tatsache, dass wir wegen der schlechten Bedingungen Fixseile und Haulbags nicht abtransportieren konnten, wird sofort mit dem Vorgehen anderer Filmteams auf dem Cerro Torre verglichen.

Einerseits hatten kleine, flexible Teams wie das des Schweizers Fulvio Mariani vielfach preisgekrönte Filme wie »Cumbre« (1986) zuwege gebracht, andererseits waren große Filmproduktionsteams wie das von Werner Herzog unangenehm aufgefallen. Herzog drehte 1991 seinen Bergsteigerfilm »Schrei aus Stein«, einen Spielfilm, der zahlreiche Elemente der Maestri-Geschichte aufgreift. Ich bin kein Filmkritiker, aber der Film ist ein Witz.

Herzogs Team hinterließ am Cerro Torre Abfall, der für Jahre nicht weggeräumt wurde. Die Crew landete sogar mit dem Helikopter auf dem Gipfel des Torre, verwendete eine Kettensäge, um Löcher ins Eis zu schneiden, und ließ das Wrack des Hubschraubers, nachdem er am Gletscher abgestürzt war, einfach liegen.

Auch diese Geschichte wird angesichts unseres Filmprojekts wieder hervorgeholt. Die Protestnoten gegen uns klingen wie: Wehret den Anfängen! Wenn ihr keinen zweiten kaputten Helikopter auf dem Gletscher haben wollt, protestiert gegen David Lama und sein Team.

Ich muss zugeben, dass ich mir in diesen Wochen ernsthafte Sorgen mache. In meiner bisherigen Karriere als Kletterer hat es zwar manchmal leise Kritik daran gegeben, wie ich mich benehme – wenn ich mir eingebildet habe, ein bisschen frecher als die anderen sein zu müssen –, aber niemals an meiner Arbeit. Aber gerade das Projekt, das einen fließenden Übergang von meiner Wettkampfkarriere in die eines Profialpinisten markieren könnte, entpuppt sich als Griff in die Scheiße.

Es wäre gelogen, wenn ich sagen würde, ich mache mir keine Sorgen um meine Zukunft. Ein Projekt wie dieses so spektakulär in den Sand zu setzen: das ist nicht unbedingt eine Empfehlung für weitere spektakuläre Projekte. Hätte ich wie viele andere Sportkletterer die Schule abgeschlossen und ein Studium begonnen, wer weiß, ob ich in diesen Tagen nicht den Hut draufgehauen und gesagt hätte: Pfeif drauf, ich mache mein Studium fertig und werde Lehrer und in den Ferien gehe ich klettern – Lehrer haben eh eine Menge Ferien.

In England und Amerika gibt es offene Briefe an Red Bull, dass sich die Firma von mir trennen soll. Die Geschichte von Dean Potter und dessen Sponsor Patagonia wird hervorgeholt. Dean war 2006 auf dem Delicate Arch in Colorado geklettert, obwohl Klettern dort verboten ist, und Patagonia hatte ihn für diese Verfehlung aus seinem Team geworfen.

Umgekehrt raten mir manche Leute, mich von Red Bull zu trennen und auf diese Weise meine Eigenverantwortung zu demonstrieren. Das kommt für mich allerdings genauso wenig in Frage wie für Red Bull eine Trennung von mir. Aber ich spüre, dass wir das Projekt auf eine neue Grundlage stellen müssen, um gemeinsam wieder aus dem Schlamassel herauszukommen.

13

Der Start in die nächste Wettkampfsaison steht im Schatten der Kontroverse. Ich fahre zu den ersten Weltcupbewerben nach Arco und Chamonix und sehe an den Blicken meiner Kollegen, dass jeder von ihnen Bescheid weiß. Die Blicke scheinen zu fragen: Was hast du dir dabei gedacht, David? Oder, noch deprimierender: Das hätten wir nicht von dir gedacht. Manche Kollegen sprechen mich direkt an, so dass ich ein bisschen Licht in die Angelegenheit bringen kann. Andere sagen gar nichts, und ich kann nur ihr Kopfschütteln hinter meinem Rücken spüren. Es war schon angenehmer, mit dem Wettkampftross herumzureisen. Ich absolviere meine Wettkämpfe und bin auch sonst nicht untätig. Mit meinen Kollegen von Mammut klettere ich im Peak District ein paar anspruchsvolle Touren, mit Jorg Verhoeven gelingt mir die erste freie Begehung des Monte Brento am Gardasee, und mit Daniel Steuerer klettere ich die Voie Petit am Grand Capucin im Mont-Blanc-Massiv.

Noch stelle ich nicht in Frage, ob Daniel der Richtige ist, um mit mir im Winter wieder nach Patagonien zu reisen. Dass ich einen neuen Versuch unternehme, ist logisch, nach der ganzen Bohrhakengeschichte erst recht.

Daniel ist bei der ersten Patagonien-Expedition vor allem

deshalb mein Partner gewesen, weil ich mir die Sache ganz anders vorgestellt hatte: weniger Zivilisation, weniger Cervecería, mehr Abgeschiedenheit, mehr Zeit, die man zu zweit verbringt. Deshalb wollte ich unbedingt einen Kollegen, von dem ich weiß, dass ich auch über längere Zeit gut mit ihm auskommen kann – und nicht unbedingt einen Partner, dessen wichtigste Fähigkeit darin besteht, überdurchschnittlich gut zu klettern.

Was das Miteinander-Auskommen betrifft, hat Daniel alle Erwartungen erfüllt. Wir sind drei Monate zusammengepickt und haben eine lässige Zeit gehabt. Aber beim Klettern habe ich immer wieder gemerkt, dass er nicht so fit ist, wie er es auf dem Torre sein muss.

Das gilt übrigens auch für mich: Ich bin im ersten Jahr in Patagonien noch nicht so gut beieinander gewesen, wie es notwendig gewesen wäre. Ich habe mir die Dimensionen des Cerro Torre einfach nicht vorstellen können: Es gibt in den Alpen schlicht keine vergleichbaren Touren.

Auch das musste ich lernen. In Patagonien ist nicht in erster Linie reines Klettern gefragt, was bis dahin ja meine Spezialdisziplin gewesen ist. Der Cerro Torre verlangt von dir eine solide alpinistische Basis – und wenn man den Torre frei klettern möchte, sind außerordentliche Freikletterfähigkeiten nur das Tüpfelchen auf dem i.

Ich weiß also, dass ich mich auf die zweite Expedition wesentlich besser vorbereiten muss als auf die erste. Logisch, dass ich auch von Daniel erwarte, dass er das so sieht und mitzieht.

Im Frühsommer beschließe ich, die Bellavista, eine berühmte Tour an den Drei Zinnen in den Dolomiten, zu klettern. Coole Route, super Training für den Torre. Eine der schwersten Touren in den Alpen, da sehe ich gleich einmal, wo für mich der Hammer hängt – und alle anderen können das auch sehen. Ich rufe also Daniel an, aber der hat keine Lust. Deshalb muss ich mir einen anderen Partner für die Tour suchen.

Flo, mein Freund von Red Bull, schlägt vor, ich soll doch Peter Ortner fragen. Peter ist einer der beiden Bergführer, die für das Filmteam mit am Cerro Torre waren. Er hat einen Monat mit uns verbracht, ist dann zurück nach Österreich geflogen und zwei Wochen später auf eigene Kosten noch einmal gekommen, um mit einem anderen Partner selbst etwas am Cerro Torre zu probieren.

Ich habe ihn damals mit einem Paukenschlag kennengelernt. Das Wetter war wieder einmal schlecht, und ich saß allein in der Cervecería an der Bar. Schaute in die Luft, hörte ein bisschen Salsa. Plötzlich machte es einen Riesentuscher. In der ganzen Cervecería war es still, jedes Gespräch verstummte. Mich haute es fast vornüber in mein Bierglas vor Schreck, bevor ich sah, dass der Tuscher eine Art Begrüßung von Peter Ortner war, der mit Toni Ponholzer plötzlich neben mir stand und, statt »Servus!« zu sagen, mit der Handfläche auf die Bar gehaut hatte.

Ich musste lachen, Peter und Toni lachten sowieso, das waren gute Voraussetzungen für einen etwas längeren Abend.

Peter ist grundsätzlich ein ruhiger Typ, der nur laut wird, wenn er das Gefühl hat, dass er auf den Tisch hauen muss. Dann hört man ihn freilich gut, denn er ist ein ziemlicher

Bär mit ansehnlichem Schmalz in den Muskeln. Gelernter Maurer, guter Handwerker, was man halt so mitnimmt, wenn man auf einem Bergbauernhof in Osttirol aufgewachsen ist. Ich mag ihn gleich, weil er tut, was er sagt, und sagt, was er meint. Man kann sich auf ihn verlassen, er ist total fair, an ihm ist nichts Falsches. Man sieht ihm ein bisschen an, dass er in früheren Jahren eine ziemliche Wildsau gewesen ist und hie und da einmal ziemliches Glück gebraucht hat, dass er nicht früh in den Himmel gekommen ist. Dieses Draufgängertum hat er inzwischen ziemlich unter Kontrolle, aber die Energie ist voll da: Für mich sind das die idealen Bergsteigereigenschaften.

Ich denke also: Mhm, der Peter. Guter Alpinist, bärenstark, kein Vergleich zu Daniel. Aber ob er mit mir klettern will?

An dieser Situation merke ich schmerzlich, wie sehr mir die Bohrhaken-Geschichte im Magen liegt. Ich habe Hemmungen, Peter einfach anzurufen und ihn zu fragen, ob er mit mir klettern möchte. Peter ist ein guter Typ, ich möchte mir von ihm nicht unbedingt eine Abfuhr holen, mit der er mir im Subtext mitteilt, dass er sicher nicht auf ein sinkendes Schiff aufspringen möchte.

Ich rufe dann doch an, und Peter sagt nur: »Cool. Fettes Projekt.«

Er ist dabei. Wir verabreden uns in Südtirol auf der Auronzohütte.

Ich habe noch keinen Führerschein, deshalb fahre ich mit Flo von Innsbruck ins Pustertal. Peter wird von seiner Freundin gebracht, weil er auch gerade keinen Führerschein hat. Er hat zu Hause in Osttirol nach ein paar Bier Hunger bekommen und ist mit dem Auto zur Tankstelle, um sich eine Wurstsemmel zu holen. Aufgehalten, Schein weg.

Die Bellavista ist eine der ersten alpinen Routen im elften Schwierigkeitsgrad, die Alex Huber eröffnet hat und 2001 Rotpunkt, also ohne Sturz, geklettert ist. Wir halten uns nicht lange damit auf, die Route zu begutachten, sondern steigen gleich ein. Ich steige die schweren Seillängen unten vor, wir klettern bis zum Dach hinauf und seilen uns von dort wieder ab. Eine Woche später treffen wir uns erneut auf der Auronzohütte. Der Hüttenwirt kennt uns schon und hat eine Riesenfreude damit, uns einen Schnaps nach dem anderen zu spendieren. Es wird eine lange Nacht, viel Spaß, wenn auch nicht unbedingt die ideale Vorbereitung auf eine der schwersten Routen der Dolomiten.

Am nächsten Tag stehen wir um zwölf Uhr mittags am Einstieg, Blick hinauf in die Vertikale, dann geben wir Gas. Ich muss mit Peter nicht viel besprechen. Er weiß, wie ich die Sache angehe und was er zu tun hat – und umgekehrt. Keine Phrasen, keine künstlichen Dialoge. Wir wollen hinauf und ziehen die Tour ziemlich flott durch. Ich absolviere die schwierigeren Längen im Vorstieg. Peter macht die Tour oben fertig.

Es ist lässig, mit Peter zu klettern. Er bringt so ziemlich alles mit, was ein guter Partner in meinen Augen mitbringen muss. Um auszuprobieren, wie die Partnerschaft unter extremer Belastung funktioniert, ist die Bellavista aber noch nicht der richtige Prüfstein. Wir klettern die Tour, trinken noch ein Bier, dann verabschieden wir uns voneinander: Ciao, war lässig, bis zum nächsten Mal.

14

Will Gadd möchte wissen, wie wir in Zukunft weiter vorgehen wollen. Er hat die Ambition, in seinem Blog etwas Stichhaltiges über die nächste Saison und unser geplantes Vorgehen zu schreiben. Dafür ist ein Termin für einen Conference-Call aller Beteiligten ausgemacht worden, an dem Will Gadd in Kanada, Heli Putz, der Lead Guide, Philipp Manderla und Guido Kruetschnigg, die Produzenten des Films im Red Bull Media House in Salzburg, Flo Klingler und ich in Innsbruck teilnehmen.

Allerdings schaffen es Flo und ich nicht nach Innsbruck. Ich bin gerade die Bellavista geklettert, und wir befinden uns noch auf der Rückfahrt vom Pustertal, als das Telefonat beginnt. Wir stellen das Auto auf dem Parkplatz vor irgendeiner Pizzeria an der Pustertal-Bundesstraße ab, schalten das Handy auf laut und wählen uns in den Call ein.

Will spricht als Erster. Er fasst noch einmal zusammen, was bisher passiert ist, wie er die Faktenlage sieht. Dann kommt er ziemlich schnell zur Sache.

»David, wie soll das deiner Meinung nach weitergehen?«

Ich habe gewusst, dass diese Frage gestellt werden würde. Meine Antwort ist vorbereitet. Ich habe mir meine Meinung in den letzten Wochen gebildet, jetzt ist es Zeit, sie zu vertreten.

»Das Filmteam wird ohne Fixseile und ohne einen einzigen Bohrhaken auskommen«, sage ich und höre, wie sich in Salzburg die Kinnpartien von Philipp, Guido und Heli verspannen.

Aber ich bin mir völlig sicher. Die Grundannahme, dass ein Film eines gewissen Produktionsstandards eine entsprechende Logistik bedingt, ist sicher richtig. Aber sie rechtfertigt dennoch keine Abweichungen von der strengsten Kletterethik. Nicht der Film und seine Standards dürfen im Vordergrund stehen, sondern die Regeln des Alpinismus. Aus diesen leitet sich alles Weitere ab. Die Frage lautet also nicht, welche Voraussetzungen der Film benötigt, sondern: Kann man den Film mit seinen hohen Produktionsstandards auch herstellen, wenn das Kamerateam klettert wie eine ganz normale Seilschaft – keine Bohrhaken, keine Fixseile, nur temporäre Absicherungen, nichts, was Spuren am Berg zurücklässt?

Viele Vorwürfe, die ich zu hören bekommen habe, zielen darauf, dass so ein Film auf dem Cerro Torre nichts verloren hat. Ich meine aber, dass ein Film, der sich an die strengsten ethischen Voraussetzungen hält, durchaus gedreht werden darf. Das Team muss sich bloß an die Rahmenbedingungen halten, so wie sich ein Autofahrer an das Tempolimit auf der Autobahn halten muss, auch wenn er in einem Rennauto sitzt.

Es hat ein bisschen gedauert, bis ich zu dieser Einsicht gekommen bin. Am Schweigen im Knistern der Telefonverbindung kann ich hören, dass meine Kollegen im Red Bull Media House noch weit davon entfernt sind.

Ich bin übrigens auch auf die nächste Frage vorbereitet,

die ohne jeden Zweifel gleich gestellt werden wird: Was, wenn der Film unter den neuen Bedingungen nicht gedreht werden kann? Dann, werde ich antworten, wird es eben keinen Film geben. Davon bin ich ebenso kategorisch überzeugt, wie ich vor einem Jahr davon überzeugt war, wenn nötig allein nach Patagonien aufzubrechen.

Ich mache jetzt klar, wie ich mir das weitere Vorgehen vorstelle. Ich möchte, dass sämtliche Haken, die wir gesetzt haben, aus der Wand kommen und dass kein einziger neuer Bohrhaken in den Fels gebohrt wird.

Jetzt geht Heli Putz allerdings voll ab. Er lässt sich gar nicht erst auf die Vorwürfe ein. Stattdessen antwortet er im Brustton der Überzeugung:»Alles, was wir gemacht haben, war notwendig. Ich weiche von diesem Kurs nicht einen Millimeter ab. Ich muss die Sicherheit meines Teams garantieren, Sicherheit ist Sicherheit, und außerdem nehmen wir das Zeug ja wieder mit.«

Heli wird noch eine Spur lauter.

»Geht nicht. Unmöglich. Not with me, my friend!«

Das ist an mich gerichtet. Die Stimmung ist plötzlich frostig. Philipp und Guido im Red Bull Media House müssen gerade das Gefühl haben, dass ihnen ihr Projekt durch die Finger rieselt. Ich kann ihr Kopfschütteln regelrecht hören.

Will sagt, damit irgendetwas gesagt ist:»Ich habe das Gefühl, es gibt hier verschiedene Meinungen.«

Das Gespräch geht zu Ende, ohne dass es einen Konsens gibt oder irgendwelche Relativierungen. Ich liebe Konflikte nicht, aber für mich fühlt es sich gut an, dass die Meinung, die ich mir sorgfältig gebildet habe, jetzt platziert ist. Dieses Gespräch wird nicht spurlos am Projekt vorbeigehen. Ich weiß noch nicht, was es für die Zukunft bedeuten wird. Gibt es überhaupt einen Film, eine weitere Unterstützung durch Red Bull? Werde ich die Sache allein zu Ende bringen? Wird es uns gelingen, unter den jetzt formulierten neuen Gegebenheiten etwas auf die Beine zu stellen, das gut, das besser ist als bisher? Ich weiß es nicht. Es ist nicht mehr die Hauptsache. Wir lassen das Auto stehen, gehen in die Pizzeria und bestellen uns einmal alles ohne scharf und zwei Bier.

15

Abseits der Kontroverse und aller Folgen für das Filmprojekt beginne ich mir ernsthaft Gedanken über meinen Partner für Patagonien zu machen. Einerseits habe ich das Projekt mit Daniel angefangen und möchte es auch mit ihm beenden, aber Daniel tut gerade gar nichts, um sich während des Sommers für Patagonien fitter zu machen. Und das gefällt mir überhaupt nicht, denn das Klettern muss der Mittelpunkt unseres nächsten Versuchs sein. Dass wir dann eine lässige Zeit haben, ergibt sich von selbst.

Ich frage Daniel freiheraus, wie es für ihn im Winter aussieht. Ob er wieder dabei ist oder ob er gar nicht richtig Lust hat – so kommt es mir nämlich vor.

Daniel sagt, dass er schon Lust hat, aber sein Bekenntnis fällt mir etwas zu lethargisch aus. Er hat, sagt er, vor allem Lust, wieder so eine lässige Zeit in El Chaltén zu verbringen wie im letzten Jahr. Natürlich freut ihn auch das Klettern, aber während für mich mein Herz und auf gewisse Weise auch meine Zukunft daran hängen, bedeutet es für Daniel eher den Pflichtanteil an der gemeinsamen Zeit in Patagonien.

Beim ersten Versuch habe ich gelernt, dass das Klettern am Cerro Torre so anspruchsvoll ist, dass ich mir einen Partner, der nicht voll motiviert ist, einfach nicht leisten kann.

Ich sage dem Daniel also spontan ins Gesicht, dass ich, sollte ihm das Projekt nicht ebenso wichtig sein wie mir, Peter fragen werde, ob er es mit mir angeht.

Daniel ist zuerst einmal stumm. Dann antwortet er relativ schnell, dass es für ihn okay wäre. Das Projekt ist ihm einfach nicht so wichtig wie mir, und ihm ist klar, dass er in den nächsten Monaten auch nicht wirklich fit wird – so fit wie Peter erst recht nicht. Es ist für ihn kein Problem, wenn ich Peter frage. Schade nur um die coole Zeit in Patagonien ...

Mir tut es irgendwie leid, dass wir die Sache nicht gemeinsam durchziehen. Andererseits ist der Cerro Torre eine zu große Herausforderung, als dass ich sie ohne den idealen Partner angehen könnte. Daniel musste ich immer mitziehen, motivieren, ihm auf die Sprünge helfen. Bei Peter spüre ich einen Drive, der das Zeug hat, sich selbstständig zu machen. Peter muss ich nicht motivieren, Peter ist motiviert, und die gerade, energiegeladene Art, wie er klettert und Projekte angeht, motiviert umgekehrt wieder mich.

Also rufe ich wenig später Peter an und frage ihn, ob er mit mir den Cerro Torre machen will.

»Uh«, sagt er am Telefon. »Echt?«

»Ja«, sage ich. »Hast Lust?«

»Logisch«, sagt Peter und lacht. »Voll lässig!«

Bereits beim ersten Mal telefonieren wir lange und besprechen allerhand Details, aber schon bald ruft mich Peter an, um mir mitzuteilen, dass er neue Ideen hat, wie wir die Sache anlegen könnten. Wieder verbringen wir eine Menge Zeit am Telefon, und ich merke, wie sehr es mich motiviert, mit jemandem über das Projekt zu sprechen, der bis unter die Schädeldecke aufgeladen ist mit derselben Energie und Sehnsucht wie ich selbst.

Wir vereinbaren, dass wir noch eine Tour miteinander machen wollen, um uns ein bisschen besser einzuspielen. Peter schlägt den Hahnenkammturm in den Lienzer Dolomiten vor. Wir einigen uns darauf, dass wir die Tour im Winter machen wollen, damit sie nicht nur ein bisschen schwieriger ist, sondern auch eine angemessene Vorbereitung für den Torre.

Meine sonstige Vorbereitung ist nämlich ein Durcheinander völlig verschiedener Kletterherausforderungen. In Asien stehen Weltcupbewerbe auf dem Programm, für die ich in der Halle angemessen trainieren muss. Daneben erledige ich einige sehr schwierige Sportklettereien, etwa in Céüse, wo mir eine Tour im Schwierigkeitsgrad 8c+ gelingt, die ich »Lülü« nenne. Ich nehme auch ein paar alpine Wände in Angriff und sogar eine Alleinüberschreitung der Aiguilles de Chamonix, zahlreicher Gipfel einer Bergkette zwischen Montenvers und der Aiguille du Midi.

In China und Korea werde ich im Weltcup einmal Vierter und einmal Fünfter. Bei der Europameisterschaft in Imst und Innsbruck schramme ich als Vierter nur knapp an einer

Medaille vorbei. Mit Jorg Verhoeven und Daniel Steuerer klettere ich im Oktober bei winterlichen Verhältnissen die Fußstein-Nordkante im Valsertal. Die Hochferner Nordwand klettere ich allein.

Es ist eine ziemliche Bandbreite an Kletterei, die ich in dieser Saison miteinander verbinden kann. In Kranj, Slowenien, nehme ich am Weltcupfinale teil und verabschiede mich vom Wettkampfklettern – eine längst fällige Entscheidung. Meine Motivation, mich auf die Wettbewerbe so intensiv wie nötig vorzubereiten, hat spätestens seit dem Zeitpunkt entscheidend nachgelassen, als ich gesehen habe, wo ich als Alpinist stehe und wie viel ich noch dazulernen kann. Mit Jorg Verhoeven und Heiko Wilhelm klettere ich die Diagonale der Schrammacher Nordwand. Als ich mich im Frühwinter auf den Weg nach Osttirol mache, um mit Peter die Überschreitung des Hahnenkammturms in Angriff zu nehmen, habe ich das Gefühl, den Sommer gut genützt zu haben. Ich fühle mich fit. Ich spüre meine Entschlossenheit, die Fehler des letzten Jahres auszumerzen, indem ich Taten setze.

Ich übernachte bei Peter. Um sieben Uhr früh steigen wir in die Tour ein und gehen mit den Skiern zwei Stunden bis zum Einstieg der Wand. Wir deponieren die Ski unter einem großen Block. Es ist saukalt. Wir sind darauf eingestellt, dass es untertags okay sein und in der Nacht minus 20 Grad haben wird, aber es hat tagsüber schon unter minus 20 Grad und nachts noch um einiges weniger.

Die ersten paar Seillängen sind recht einfach. Fels, Schnee und Eis wechseln sich ständig ab, wir müssen alles mit unseren Steigeisen und Eisgeräten klettern, aber wir kommen gut voran. Das Problem ist die Kälte. Sobald wir eine Seillänge geklettert sind und den anderen nachsichern, kühlen wir sofort aus. Sobald es ans Weiterklettern geht, schießt dann das Blut in die unterkühlten Finger, so dass es uns auf der nächsten Seillänge total die Finger hernagelt: Die Finger kribbeln so schmerzhaft, dass sowohl Peter als auch ich geheult hätten, wenn das Heulen etwas geholfen hätte.

Die erste Schlüsselstelle wartet in einer großen, senkrechten Verschneidung, in der ein vereister Riss auf den Gipfel eines kleinen Turms führt. Das Eis ist hart und spröde, und unsere Friends halten nicht. Ich bin echt froh, dass ich hin und wieder einen alten Normalhaken finde. Langsam arbeite ich mich hoch, während Peter am Stand hängt und friert.

Von einem alten Normalhaken quere ich unter einem Dach nach rechts, der Verschneidung entlang. Keine Chance, eine Sicherung unterzubringen, bis ich ein paar Meter weiter einen gelben Friend der Größe 2 legen kann, der mir halbwegs gut scheint. Ich klettere weiter nach oben, einen großen Rucksack auf dem Rücken, in der rechten Hand das Eisgerät, insgesamt ziemlich am Limit.

Die Situation ist fragil. Die linke Hand habe ich am Fels, ohne dort einen vernünftigen Griff zu finden, der linke Fuß ist im Riss platziert, rechts stehe ich mit meinem Steigeisen auf ganz dünnen Eisglasuren, die den Fels überziehen und in die man nur sehr, sehr sachte mit den Steigeisen hineinpecken darf, damit sich das Eis nicht plötzlich vom Fels löst.

Der Pickel in der rechten Hand ist in denselben Glasuren fixiert, damit ich mit der linken weitergreifen kann.

Auf einmal bricht das Eis aus, in dem der Pickel steckt, und ich sehe mich schon ein gutes Stück hinunterfliegen und hoffen, dass der gelbe Friend tatsächlich hält, aber das Steigeisen des linken Fußes verkeilt sich so im Riss, dass ich nur in den Fuß falle und wie eine Fledermaus mit dem Kopf nach unten am Fels hänge.

Ich bin erschrocken, aber nicht erschüttert. Für einen Augenblick geht mir mein Sturz am Cerro Torre durch den Kopf, der mich völlig aus meiner Balance von Selbstvertrauen und Selbstverständnis gebracht hat, und im selben Moment merke ich, dass mir dieser Sturz nichts anhaben kann, nichts anhaben wird.

Das hat sicher auch etwas mit Peter zu tun. Wir sind am Limit unterwegs, er genauso wie ich, und wenn man am Limit klettert, kann ein Sturz durchaus passieren, auch wenn man Stürze im alpinen Gelände lieber vermeiden sollte. Dieses Risiko ist uns beiden bewusst. Deshalb verstört mich der Sturz auch nicht so wie der Abgang kurz vor der Bolt-Traverse im Jahr davor. Damals trug ich allein die Verantwortung, dass wir nach oben kommen. Jetzt ist diese Verantwortung auf zwei Schultern aufgeteilt.

Ich ziehe mich selbst am Fuß hoch und klettere sofort weiter. Kein Gesprächsbedarf. Es hat nicht weh getan.

Gegen vier Uhr nachmittags haben wir 22 der 36 Seillängen hinter uns und finden eine Schneewechte, in die wir ein Loch graben können, um darin zu biwakieren. Keine Ahnung, wie kalt es draußen ist, aber sogar in unserem Loch, wo es bestimmt zehn Grad mehr hat als draußen, friert uns der Arsch ab. Wir sind mit unseren dünnen Schlafsäcken ungenügend ausgerüstet, aber das ist noch immer besser, als wenn wir in der Nacht hätten weiterklettern müssen, um nicht zu erfrieren.

Am nächsten Morgen steigt Peter eine Länge vor und merkt, dass unsere Friends vereist sind und nicht mehr halten. Wir haben nur noch ein paar Normalhaken und Klemmkeile dabei, das sind keine beruhigenden Aussichten. Außerdem nagelt es Peter wieder die Finger her. Er bekommt beim Klettern solche Schmerzen in den Händen, dass er sich für einen Augenblick ins Seil hängt und den Handschuh auszieht, um sich die eiskalten und fast gefühllosen Finger im Nacken zu wärmen. Den Handschuh nimmt er in die andere Hand, mit der er genauso wenig spürt, und während er sich auf die plötzliche Wärme konzentriert, die er in der Hand ohne Handschuh spürt, die er in den Nacken gelegt hat, fällt ihm der Handschuh hinunter auf das Schneefeld, von dem aus ich ihn sichere.

Ich sehe den Handschuh fallen und höre Peter rufen, dass ich ihn mir schnappen soll, aber genau in dem Augenblick, als ich mich strecke, um ihn zu erwischen, kommt ein heftiger Windstoß, und der Handschuh verabschiedet sich in Richtung Parterre.

Scheiße. Diese Pointe ist nicht besonders unterhaltsam, auch wenn Peter sich nichts anmerken lässt und einfach mit dem Innenhandschuh weiterklettert. Über einen breiten Kamin und 300 Meter anspruchsvolles, kombiniertes Gelände kommen wir auf den Gipfelgrat und klettern von dort dann ohne gröbere Zwischenfälle auf den Gipfel des Hahnen-kammturms.

Als wir wieder unten ankommen, haben wir beide leichte Erfrierungen an je acht Fingern. An den Fingerkuppen werden sich Blasen bilden, und die Haut wird in den nächsten Tagen und Wochen abgehen. Dieses Opfer ist es freilich wert gewesen. Die Haut wächst nach. Eine grandiose Tour, sicher die erste Winterbegehung des Nordwestpfeilers des Hahnenkammturms. Infolge der Kälte und der enormen Anstrengung eine Grenzerfahrung. Diese Grenzerfahrung war der letzte Beweis dafür, wie gut es mit Peter passt. Wir sind gemeinsam ans Limit gegangen und haben gemeinsam Spaß gehabt, auch wenn das wie ein Widerspruch klingen mag: Der Spaß resultiert aus der persönlichen Nähe, aus der gemeinsamen Bereitschaft, ans Limit zu gehen.

Wenn ich Peter als Kletterer beschreiben will, dann sehe ich einen Mann, der als Alpinist top ist. Beim freien Klettern ist er gut, aber von der Weltklasse doch einiges entfernt. Seine Risikobereitschaft deckt sich fast total mit meiner. Unsere Einstellung ist identisch. Beide sind wir Minimalisten. Wir nehmen so wenig Gepäck und Verpflegung mit wie möglich, um beim Klettern noch um eine Spur weniger Gewicht tragen zu müssen und entsprechend näher ans Limit gehen zu können. Das bedingt eine Bereitschaft, sich außergewöhnlich anzustrengen, vielleicht einmal Hunger zu haben oder zu frieren. Darüber sind wir uns absolut einig, und diese Einigkeit verbindet und motiviert uns.

Zum Beispiel ist klar, dass ich am Cerro Torre bei den

schwierigen Freikletterlängen vorneweg steige. Ich brauche dafür meine volle Konzentration, die Peter unterstützt, indem er auf diesen Längen etwas mehr Gepäck nimmt. Wenn wir irgendwo durch den Schnee stapfen müssen, übernimmt er mehr als die Hälfte der Spurarbeit. Er gibt immer sein Bestes, und das zieht mich mit, so wie es auch umgekehrt ist. Unmöglich, Daniel und Peter zu vergleichen. Im ersten Jahr am Torre musste ich das ganze Gewicht des Projekts allein stemmen. Jetzt übernimmt Peter seinen Anteil mit großer Freude und völliger Selbstverständlichkeit.

Wir gehen noch zwei kleinere Touren, dann treffen wir die letzten Vorbereitungen für den Aufbruch nach Patagonien.

16

Kurz vor der Abreise erreicht uns ein neuer Gruß von Rolo Garibotti. Auf der Website supertopo.com postet er unter dem Titel »Haken am Cerro Torre herausgeschlagen« einen Beitrag, der die Kontroverse, die inzwischen leiser geworden ist, ganz offensichtlich neu entfachen soll.

»Ich wünschte«, schreibt Rolo, »ich könnte unter diesem Titel berichten, dass ich einige von Maestris Haken aus dem Fels geschlagen hätte, aber das habe ich nicht. Die Bohrhaken, die ich vor zwei Tagen entfernt habe, gehören zu den vielen, die David Lamas Filmcrew im letzten Sommer hinterlassen hat.«

Rolo schreibt, dass er über der Schulter auf »20 David-

Lama-Red-Bull-Haken« gestoßen ist, aber aus Zeitmangel nicht genauer nachschauen konnte und »noch einige mehr« vermutet. Er berichtet, dass er 17 von diesen 20 Haken entfernt hat und dass sie, anders als von Heli Putz und mir berichtet, an Stellen »gebohrt wurden, wo natürliche Sicherungen vorhanden sind und Alpinisten seit dreißig Jahren vorbeigeklettert« seien.

Er bezweifelt die Angaben, die Heli Putz gegenüber meinem kanadischen Kollegen Will Gadd gemacht hat: dass nämlich die Route, die er für die Sicherung des Filmteams gewählt hat, neu und unabhängig von den klassischen Routen auf den Cerro Torre sei. Bei diesen Angaben handle es sich um Propaganda des Arbeitgebers, »um die eigene Idiotie zu bemänteln«.

Rolo macht also, was Will auf alle Fälle vermeiden wollte: Er bezichtigt ihn einer Corporate-Politik, einer öffentlichen Falschaussage, um seinen Sponsor Red Bull in ein besseres Licht zu rücken. Die Fotos, die Rolo postet, beweisen, dass die Angaben in Wills Blog nicht stimmen können. Er schneidet Will also, wie der befürchtet hat, vor aller Augen die Eier ab, attackiert frontal dessen Glaubwürdigkeit. Will, der sich blind auf die Angaben von Heli Putz verlassen hat, sieht sich plötzlich selbst in eine Kontroverse hineingezogen, für die er nun wirklich nicht verantwortlich ist. Seine Reputation ist angeknackst, bloß weil er sich auf dieselben Versprechungen verlassen hat wie ich mich vor einem Jahr.

Rolo fasst schließlich alle Vorwürfe noch einmal zusammen. Dass wir fünf Taschen Gepäck und 700 Meter Fixseile auf dem Berg gelassen haben und diese von drei argentinischen Führern herausholen ließen. Rolo schreibt:»um unseren Saustall aufzuräumen«, und lobt die Argentinier, die dabei»einen Superjob«gemacht hätten. Er reibt uns unter die Nase, dass zwei argentinische Kletterer erst vor wenigen Tagen zwei unserer hinterlassenen Haulbags»voller Ekel« vom Berg heruntergebracht hätten und den Inhalt»hoffentlich nur gegen Lösegeld«freigeben würden.

Dann bezweifelt er ziemlich hämisch meine Aussage, dass wir beim zweiten Versuch sorgfältiger vorgehen wollen als beim ersten, und unterstellt uns, dass das Team nicht kleiner, sondern größer werden wird. Rolos Statement endet mit der Unterstellung, dass wir Desinformation und Propaganda betreiben. Man soll, schreibt er ziemlich sauer, uns nichts glauben.

Super. Genau, was wir gebraucht haben. Es war mein Plan, alle Haken, die wir im Vorjahr gesetzt hatten, selbst zu entfernen. Nach jemandem, der sich einmal mehr auf unsere Kosten profiliert, haben wir uns nicht unbedingt gesehnt.

**Der zweite Versuch,
Januar/Februar 2011**

*»Das Filmteam wird ohne
Fixseile und ohne einen
einzigen Bohrhaken
auskommen.«*

17

Die Strategie, die Peter und ich uns für den zweiten Versuch vorgenommen haben, ist vollkommen anders als die im Jahr davor. Im ersten patagonischen Sommer hat nur der Cerro Torre gezählt, nichts anderes. Jetzt sagen wir: Wir klettern, was geht. Wenn der Cerro Torre nicht geht, machen wir eben einen der unzähligen anderen spektakulären Gipfel, die rundherum stehen, je nachdem, wie die Wetterprognose gerade aussieht.

Peter und ich sind uns einig, dass wir nicht wie im Jahr davor warten, warten, warten wollen, bis ein großes Wetterfenster kommt und der Torre dann aus irgendeinem unvorhersehbaren Grund erst recht wieder nicht geht. Man darf nicht vergessen, dass der Torre mit seiner exponierten Lage an der Wetterfront einer der undankbarsten Berge zum Klettern ist, da er am schnellsten vereist und am längsten vereist bleibt.

Als wir in El Chaltén ankommen, finde ich den Ort verwandelt. Er kommt mir geschäftiger vor, weniger entspannt als im Jahr davor – aber vielleicht liegt das auch daran, dass ich selbst fokussierter bin und weniger empfänglich für die Lässigkeit, von der ich mich im Vorjahr irgendwie habe anstecken lassen, Stichwort: Cervecería.

Peter und ich beziehen eine Art Baustellencontainer am

hinteren Ende von Eduardos Grundstück, in dem Stockbetten stehen und wo wir unsere Ausrüstung perfekt ausbreiten und präparieren können. In der ersten Saison haben Peter und Toni hier gewohnt, und seither waren die Kästen unbenutzt und abgestellt.

Trotzdem stellen sie für mich ein Höchstmaß an Komfort dar: Ich habe ein Bett, ein bisschen Platz für mein Zeug, einen Traum und einen Kollegen, der auf diesen Traum so angefixt ist wie ich selbst. Außerdem garantiert der Container, dass uns nie langweilig wird. Die Vermieter geben sich nicht besonders viel Mühe. Wenn man den Container mietet, bekommt man ihn ohne Strom-, Wasser- oder Kanalanschlüsse. An jeder Ecke ist irgendwas zu reparieren oder zu verbessern, so dass wir immer wissen, was wir tun müssen, wenn wir nicht gerade im Internet checken, wie das Wetter wird.

Als ob das Wetter mir mitteilen wollte, dass es mir nicht wieder so einen Streich spielen möchte wie im Vorjahr, geht das erste Wetterfenster auf, kaum dass wir angekommen sind. Mein gesamtes Klettermaterial muss aus irgendeinem Grund den Final Call am Frankfurter Flughafen überhört haben und ist noch am Weg nach El Chaltén. Ich habe also keine Schuhe, keine Hose und keine Jacke. Aber Peter und ich wollen das gute Wetter nicht ungenützt lassen, deshalb borge ich mir Ersatzgewand von Peter aus. Seine Bergschuhe sind mir um fünf Nummern zu groß, die Hose muss ich mir unten umkrempeln, weil sie zu lang ist, und die Mammut-Jacke passt mir auch nicht wie angegossen, sie flattert, damit das auch jeder mitkriegt, wie an einer Vogelscheuche im Wind.

Wir stehen zeitig auf, um vier oder fünf, und tragen unser Zeug ins Nipo Nino. Es ist zugig wie immer, aber auch vertraut. Es ist noch nicht sehr spät, weil wir ziemlich schnell marschiert sind, deshalb fassen wir als Draufgabe eine kleine Tour ins Auge: zum Anfangen und irgendwie auch, um meine bisherige Routine zu brechen, die von hier zwangsläufig in Richtung Cerro Torre geführt hat.

Vom Nipo Nino aus gesehen liegt links der Torre und rechts die Fitz-Roy-Kette. Einer der ersten Gipfel dieser Kette ist die Aguja de la S, die »S-Nadel«, ein relativ unspektakulärer Doppelgipfel.

Wir nehmen nicht den konventionellen Weg, der über einige Rampen zu einer Rinne führt, die man hinaufsteigt und von der aus man die »S« schließlich über die Hinterseite erklettert.

Stattdessen suchen wir uns eine kleine Abkürzung, die viel direkter auf die »S« zielt und uns ein gutes Stück Zeit spart. Als wir schon ziemlich weit oben sind, wechselt wie angekündigt das Wetter. Wolken fetzen vom Inlandeisfeld auf den Torre zu, verpacken ihn in grau-weißer Watte und umhüllen jetzt auch uns. Es beginnt leicht zu schneien, und auch der Wind nimmt zu.

Wir klettern trotzdem weiter, die Route ist schließlich nicht besonders schwierig. Auf dem größten Teil des Weges müssen wir uns nicht einmal anseilen, weil das Gelände einfach ist.

Je höher wir kommen, desto stärker bläst der Wind. Wir müssen den ursprünglichen Plan, an der Kante zum Gipfel hinaufzuklettern, verwerfen, obwohl die Linie die einfachste wäre. Stattdessen wählen wir ein Risssystem weiter rechts, das ein bisschen schwieriger ist.

Als ich Peter sichere, der sich langsam einen breiten Riss hinaufarbeitet, gerate ich in einen fast hypnotischen Zustand. Das passiert manchmal, wenn es kalt und windig ist, wenn nichts mehr weitergeht und du mit der Kapuze über dem Helm an deinem Stand stehst und alles nur noch irgendwie über dich ergehen lässt.

Okay, ich bin ein bisschen müde. Wir sind zu diesem Zeitpunkt bereits zehn Stunden unterwegs, und die zweitägige Reise von Innsbruck nach Buenos Aires und weiter nach El Chaltén zeigt auch ihre Wirkung.

Jedenfalls hänge ich am Stand und merke, wie mein Kopf schwer wird und mir auf die Brust fallen will, und dann kann ich mich plötzlich an nichts mehr erinnern.

Aber ich schlafe nicht. Ich reagiere auf Peters Kommandos, wenn ich ihm Seil geben, wenn ich Seil einziehen soll, und wenn er mir zuruft, dass ich zutun soll, dann tue ich zu. Aber ich kann mich an nichts mehr erinnern. Es ist, als ob mein Gehirn eine Betriebspause eingelegt hätte und für ein paar Minuten im Stromsparmodus liefe.

Nach einer weiteren Stunde stehen wir dann endlich am Gipfel – meinem ersten Gipfel in Patagonien, und ich nehme das als gutes Vorzeichen für unseren Versuch am Torre. Wir gönnen uns am Gipfel eine kleine Pause, Peter wie immer breit lächelnd, ich in seinen viel zu großen Klamotten, wie der Clown in einer Alpinkomödie – Werner Herzog kann mich ruhig anrufen, wenn er wieder eine dreht –, dann seilen wir uns ab, gehen zurück ins Nipo Nino, verstecken unser Zeug zwischen ein paar großen Granitblöcken und gehen zurück nach El Chaltén. Als wir in unseren Container kommen, haben wir 60 Kilometer Fußmarsch, 3000 Höhenmeter und unseren ersten Gipfel hinter uns. Das ist für den Anfang ganz ordentlich.

Ein paar Schlechtwettertage vergehen mit Fischen und Bouldern. Ich vertiefe mich in ein kleines Projekt, mit dem ich schon im vorigen Jahr begonnen habe. Es startet mit einem rund sechs Meter hohen 8a+-Boulder, erst dann kann man einen Friend legen, anschließend folgt ein technisch echt anspruchsvoller 8a-Boulder.

Wir feiern ein Grillfest mit spanischen und argentinischen Kollegen. Das Fleisch, das wir in El Chaltén bekommen, ist super, und es gibt jede Menge davon.

Sechs Tage später, wieder gutes Wetter. Mein Kletterzeug ist inzwischen angekommen. Diesmal nehmen wir den Torre ins Visier. Peter sagt, während er auf einem Stück Speck herumkaut und mir mein Fernglas reicht: »So sauber habe ich den Torre noch nie gesehen. Diesmal packen wir's.«

Wir gehen ins Nipo Nino, übernachten dort, steigen am nächsten Tag bis zur Schulter auf und starten am übernächsten Tag gegen zwei Uhr früh einen völlig sinnlosen Versuch, auf den Torre zu kommen. Denn der Torre ist alles andere als sauber.

Schon als wir auf die Schulter geklettert sind, haben wir gesehen, dass alle Risse vereist sind. Wenn es tagsüber warm wird, rinnt das Wasser über den Felsen, sucht sich dafür natürlich vor allem die Risse und Verschneidungen aus. In der Nacht, wenn es kalt wird, gefriert das Wasser, und deshalb klebt jetzt überall Eis drinnen. Ursache und Wirkung sind klar, und trotzdem haben wir gehofft, dass das Eis irgendwie verschwindet. Aber es folgt nicht unseren Wünschen, sondern den Naturgesetzen.

Die Kletterei ist mühsam, wir kommen überhaupt nicht weiter. Allein für die ersten beiden Seillängen brauchen wir zwei Stunden. Es ist stockdunkel, man sieht nur die Funken, die unsere Steigeisen schlagen, wenn wir mit ihnen über den Fels radieren.

Schon nach der ersten Seillänge ruft mir Peter von unten zu:»He, David. Hat das heute überhaupt einen Sinn?«

Aber weil der Wind so laut bläst, höre ich ihn nicht und klettere weiter. Peter denkt sich also: Der Typ will es heute wirklich wissen, probieren wir es halt; ein zweites Mal frag ich bestimmt nicht, ob wir umdrehen sollen.

Wir hängen uns also voll hinein, ohne wirklich weiterzukommen. Bis zur Bolt-Traverse brauchen wir über sieben Stunden – für eine Strecke, die bei guten Verhältnissen in deutlich weniger als der Hälfte der Zeit zu klettern geht.

Dann sind wir an dem Ort, wo bisher immer Endstation für mich war. Es widerstrebt mir, hier schon wieder umzudrehen, auch wenn ich im Grunde völlig klar sehe, dass es Quatsch ist, weiterzuklettern: Über uns hängen dicke Eisplatten, manche von ihnen hundert Meter breit, vierzig bis fünfzig Meter hoch.

Als wir etwa in der Hälfte der Bolt-Traverse angekommen sind, lichtet sich langsam der Nebel, und die Sonne kommt heraus. Warme, kräftige Sonnenstrahlen treffen auf die Ostwand des Cerro Torre, und immer öfter lösen sich Eisbrocken von der Wand und rauschen rechts und links von uns tausend Meter hinunter, bis zum Wandfuß.

»Das wird mir zu zach«, sage ich zu Peter, und Peter nickt.

»Zach« ist ein universelles Wort aus dem Tirolerischen. Eigentlich heißt zach »zäh«, aber es kann auch »anstrengend« oder »scheiße« bedeuten. Im konkreten Fall heißt zach »gefährlich«. Die Sache wird uns zu gefährlich.

Wir seilen vom obersten Stand ab. Kaum bin ich unten, macht es einen Tuscher. Eine riesige Eisscholle schlägt genau dort ein, wo ich vor kaum einer Minute noch gestanden bin.

»Ich hab dir doch gesagt, dass es heute sinnlos ist«, sagt Peter zu mir, als wir wieder auf der Schulter, ankommen.

»Wann hast du das gesagt?«, frage ich.

»Nach der ersten Seillänge«, sagt Peter.

»Hab ich nicht gehört«, sage ich.

»Ach so«, sagt Peter.

Dann hauen wir uns ins Zelt und schlafen augenblicklich ein.

18

Das Filmteam hat neue und unmissverständliche Anweisungen. Es gibt diesmal weder Fixseile noch zusätzliche Bolts. Die Vorgabe, die ich gemacht habe, ist nach langen Diskussionen auch von den Jungs im Red Bull Media House für richtig erachtet worden und hat zu einschneidenden Änderungen am Projekt geführt.

Statt Heli Putz, dem Lead Guide des ersten Jahres, hat Markus Pucher, einer der beiden Bergführer aus dem Vorjahr, die Führungsrolle für die Kameraleute übernommen. Das war keine leichte Entscheidung. Es war Markus, der sagte, er könne sich vorstellen, die Sache ohne Bohrhaken und Fixseile in Angriff zu nehmen. Heli, der ein unbestreitbares Talent zur Sturheit besitzt, hatte das von Anfang an ausgeschlossen und blieb dabei. Was wir als Fehler erkannt hatten, sah er noch immer als Voraussetzung, und als wir diese Voraussetzung für nicht mehr vertretbar erklärten, war klar, dass Heli nicht mehr unser Lead Guide sein würde.

Markus, der das Projekt in- und auswendig kennt und im Vergleich zu Heli auch ein weit besserer Alpinist ist, ist zu dem Schluss gekommen, dass er sich mit einem guten zweiten Bergführer und einem bergerfahrenen Kameramann die Sache zutraut.

Das ist ein sehr wichtiges Statement. Plötzlich glauben nicht mehr nur Flo und ich daran, dass die ganze Geschichte in einem sauberen Stil zu machen ist. Auch die Kollegen aus dem Red Bull Media House beginnen, sich mit der Vorstellung anzufreunden. Der zwischenzeitliche Frust und die etwas frostige Stimmung machen einem neuen Optimismus Platz. Es geht nicht mehr darum, ob das Projekt möglich ist, sondern nur noch wie.

Heli Putz ist natürlich stocksauer.

Er und Markus begegnen sich bei einem Reenactment-Dreh für den Film, es sprüht Funken. Heli ist ein ziemlicher Kasten, und Markus ist österreichischer Meister im Armdrücken. Die Sache hätte also durchaus Potenzial gehabt. Es ist eine Bierbank geflogen, aber an der neuen Grundausrichtung unseres Projekts ändert auch die Flugbahn der Bierbank nichts mehr.

In El Chaltén habe ich mittlerweile das Gefühl, das große Problem des ersten Versuchs gut gelöst zu haben. Ich habe die komplexen Zusammenhänge des modernen Alpinismus für mich selbst in eine Ordnung gebracht und eine Haltung dazu entwickelt. Ich fühle mich entsprechend sicher, bin optimistisch und schaue nach vorne.

Aber es gibt wieder Ärger. An einem Tag, an dem sonst nicht viel los ist, kommen mich zwei amerikanische Kletterer im Container besuchen, Colin Haley und Zack Smith. Ihr Projekt ist es, die Kompressorroute ohne die Maestri-Haken zu machen. Ein ehrgeiziges Vorhaben, aber die zwei sind gute Alpinisten. Sie wollen links von der Bohrhakenleiter durch die Headwall klettern und dabei Maestris Haken komplett ignorieren. Für die technische Kletterei – freies Klettern in der Headwall ziehen sie nicht in Betracht – möchten sie Friends, Klemmkeile und Normalhaken verwenden und diese an den natürlichen Gegebenheiten des Fels setzen, um sich daran technisch hocharbeiten zu können.

Sie wollen ihr Projekt mit meinem abgleichen, damit wir einander auf dem Berg nicht in die Quere kommen. Ärger hat es schon genug gegeben.

Wir reden zuerst, klar, über die Bohrhakengeschichte vom letzten Jahr. Es fällt mir nicht schwer, zu erklären, dass sich unser Zugang in diesem Jahr komplett geändert hat und dass wir dazugelernt haben. Unsere Bergführer haben den Auf-

113

trag, sämtliche Haken, die während des letztjährigen Versuchs in den Fels gebohrt worden waren, zu entfernen. Die meisten dieser Haken sind zum Zeitpunkt meines Gesprächs mit Colin und Zack eh schon von Rolo aus dem Fels operiert. Bis wir wieder abreisen, werden ohne Ausnahme alle entfernt sein.

Das ist so weit geklärt.

Ich erkläre den beiden, wie ich mir mein Freiklettervorhaben vorstelle. Da ich die Headwall noch nicht aus der Nähe gesehen habe, sage ich, muss ich erst überprüfen, ob sie überhaupt frei geklettert werden kann, aber ich stelle mir vor, dass es rechts von Maestris Haken gehen könnte.

In meiner Begeisterung sage ich dann etwas, was ich besser nicht gesagt hätte – und was einmal mehr den fundamental unterschiedlichen Ansatz von Sportkletterern und Alpinisten ausleuchtet.

Ich sage, dass ich mir vorstellen kann – wenn es nicht anders geht –, die Route durch die Headwall auch von oben einzurichten.

Eine Route von oben einzurichten bedeutet theoretisch, dass ich zuerst auf den Gipfel klettere, egal ob technisch oder nicht, egal ob auf der Südostkante oder auf einer anderen Linie. Dann suche ich mir von oben meine Freikletterlinie. Dafür seile ich mich von oben über die Wand ab und schaue, wie sich die vom Berg gegebenen Strukturen am besten verbinden lassen.

Im Sportklettern ist dieses Vorgehen Standard. Auch beim alpinen Klettern ist es nicht ganz unüblich, ich selbst kenne zahlreiche Routen, die auf diese Weise eingerichtet wurden.

Aber auf dem Cerro Torre gelten, wie ich einmal mehr zur Kenntnis nehmen muss, die strengsten Richtlinien. Alles, was man auf dem Cerro Torre tut, bekommt sofort Symbolcharakter, und deshalb hätte es mich nicht wundern sollen, dass Colin und Zack mich plötzlich wie versteinert anstarren.

»Du willst die Route von oben einrichten?«, fragt Colin ungläubig.

»Vielleicht«, antworte ich wahrheitsgemäß, ohne viel dabei zu finden.

»Das ist kein guter Ansatz«, sagt Colin plötzlich sehr kühl. »Du wirst damit wieder eine Menge Leute verärgern.«

Ich merke, dass wir ein bisschen aneinander vorbeireden, denn ich habe überhaupt nicht vor, die Tour von oben einzurichten. Ich weiß, dass es sauberer wäre, von unten zu kommen, möchte mir aber die Möglichkeit offenhalten, es zu tun, wenn es mir anders nicht gelingt. Außerdem scheißt es mich in diesem Moment total an, dass ich mir ununterbrochen erklären lassen muss, dass alles, was ich mache oder plane, Mist sein soll. Deshalb gebe ich Colin eine recht patzige Antwort: »Damit kann ich leben.«

Colin und Zack stehen auf, verabschieden sich geradezu eisig und gehen. In diesem Augenblick weiß ich, dass es neuen Ärger geben wird, und ich bin wütend auf mich selbst, dass ich diesen Ärger ohne Not heraufbeschworen habe.

Der Erste, der reagiert, ist Jason Kruk, der mit seinem Partner Chris Geisler das gleiche Projekt wie Colin und Zack anpeilt. Er schreibt in seinem Blog, dass er »sehr, sehr sauer ist«

und nicht weiß, wie er mit der Information umgehen soll. Die Kommentarspalte füllt sich augenblicklich mit Vorschlägen daheim gebliebener Freunde aus Kanada und den USA. Tretet Lama in den Arsch. Schlagt die Filmcrew zusammen. Dinge, die ich alle schon einmal gehört habe.

An einem der nächsten Tage erscheint ein Eintrag von Colin auf seinem Blog, in dem er unter dem Titel »Cerro Torre, David Lama und Red Bull« die Geschichte des ersten Winters neu aufkocht und meinen speziellen Freund Rolo Garibotti hochleben lässt, der unseren Bergführern bekanntlich beim Entfernen der Haken vom Vorjahr zumindest teilweise zuvorgekommen ist.

Auch Colin nimmt Partei, ist aber nicht unfair. Obwohl er dem Filmprojekt kritisch gegenübersteht, räumt er ein, dass wir aus dem Vorjahr unsere Lehren gezogen haben. Unser Team wurde verkleinert. Es werden weder neue Bohrhaken montiert noch Fixseile. Colin nennt das »logisch« und »good news«.

Freilich hat er auch »bad news« zu berichten, wie er findet. Zwar billigt er mir zu, dass ich für die Freikletterroute durch die Headwall den einen oder anderen Bohrhaken setze, »wo jeder Kletterer Haken setzen würde«, wie Colin es etwas allgemein ausdrückt. Aber die Idee, eine Freikletterroute von oben einzurichten, schmeckt ihm ganz und gar nicht: Er nennt die Linie, die so ausgecheckt wird, eine »line of weakness«, eine »Linie der Charakterschwäche«.

Für Colin ist auch das Erstbegehen einer Tour eine Stilfrage, und der »saubere, alpine Stil«, den er von mir einfordert, sieht nun einmal vor, dass jede Route von unten geklettert wird. Es ist das Argument des Abenteurers, dessen, der eine Erstbegehung durchführt und zwangsläufig ins Unbekannte aufbricht. Die Befreiung einer Route aber folgt einer bekannten Linie, vom Aufbruch ins Unbekannte kann also keine Rede mehr sein – vor allem, wenn meine Variante zwei Meter neben der Original-Kompressortour mit all ihren Haken vorbeiführt –, denke ich mir zumindest.

»Es ist eine Schande«, schreibt Colin in seinem Blogeintrag, »dass Lama nicht auf seine Fähigkeiten vertraut, sein Projekt in einem sauberen, alpinen Stil zu versuchen.« Es dauert keinen Tag, und die Proteste gegen den »Kletterimperialismus von David Lama und Red Bull« flammen wieder auf. Auf der Protestwebsite change.org wird der Appell »Fordert David Lamas Sponsoren auf, dessen Bohrhaken-Aktionen auf dem Cerro Torre zu stoppen« eingerichtet, was innerhalb kürzester Zeit zu einer Flut von mehr als tausend E-Mails an Red Bull, das Media House und Mammut führt.

Ich möchte nicht darüber nachdenken, was Proteste wert sind, die jeder – auch jemand, der vielleicht noch nie in seinem Leben geklettert ist und keine Ahnung hat, worum es überhaupt geht – unterzeichnen und mit einem Click weiterleiten kann, ohne sich in die Details eines doch etwas komplizierten Stoffs vertieft zu haben. Aber natürlich ist dieser neuerliche kollektive Aufschrei eher Ballast als Motivation für mich.

Ich bin kein Intellektueller des Alpinismus. Ich bin immer lieber klettern gegangen, als Bücher über das Klettern zu lesen, daher habe ich auch Fragen der Kletterethik und

-theorie bisher eher instinktiv behandelt, als mich ernsthaft darüber zu informieren und darüber nachzudenken. Ich bin von jeher der Meinung, dass selbst Erlebtes und selbst Erlerntes einen stärkeren Eindruck hinterlassen und ein besseres Urteil möglich machen, als wenn man nur darüber liest. Ich bin auch mit der Klettergeschichte nicht im Detail vertraut, aber ich merke, dass ich mit der Rolle des naiven Burschen, der sich nur für seine eigene Geschichte interessiert, nicht mehr weiterkomme. Mir ist längst klar geworden, dass ich meinen persönlichen Crashkurs in Alpingeschichte und -ethik längst begonnen habe und mir zu elementaren Fragen schleunigst eine Meinung bilden muss.

Stilfragen sind im Alpinismus keine Nebensache. Auch mein Projekt basiert auf einer Stilfrage – jener des freien Kletterstils, und es ist wohl kein Zufall, dass mein Projekt in der Diskussion immer die »Befreiung der Kompressorroute« genannt wird. Allein an dieser Wortwahl kann man ermessen, dass mehr hinter der Sache steckt als eine Reihe freiwilliger und für den Laien kaum nachzuvollziehender Selbstbeschränkungen beim Klettern: Es geht um den Stellenwert, den das alpinistische Klettern an und für sich hat, um die Analogien, die man von einer gelungenen Tour auf andere Bereiche der Gesellschaft übertragen kann. Es geht um Ideale. Es geht darum, wie sehr man hinter dem steht, woran man glaubt. Es geht darum, ob man von seinen Idealen abweicht, nur um ein Ergebnis zu erzielen. Um die eigene Ehrlichkeit, ein Scheitern einzugestehen, auch wenn niemand außer dem Partner da ist, der es bezeugen kann.

Ich überlege mir die Sache in Ruhe und komme zu dem

Schluss, dass ich mir selbst am meisten ein makelloses Projekt wünsche und mir das auch schuldig bin. Ich muss eingestehen, dass die Argumentation von Colin im Großen und Ganzen richtig ist, so wie ich auch die Ansicht revidieren musste, dass meine Idee in ihrer ganzen ethischen Makellosigkeit – es gibt für mich keinen schöneren Stil, den Cerro Torre zu besteigen, als im freien Stil – jede Begleitmaßnahme legitimiert. Schon die Absicherung mit Bohrhaken würde das Projekt beeinträchtigen, seine Schönheit beschädigen.

Wieder kommen mir Silvo Karo und sein Gedanke in den Sinn, dass man durch die Wahl unangemessener Hilfsmittel künftigen Generationen ihre Projekte raubt. Hätte ich zum Beispiel in der Headwall Bohrhaken gesetzt und mein Projekt auf diese Weise zu Ende geführt, wäre das zwar eine anständige, aber keine makellose Leistung gewesen. Ich hätte vielleicht einen Erfolg verbucht – aber ich hätte mir selbst ein Projekt gestohlen, das noch sauberer, noch schöner zu machen gewesen wäre. Die künftige Generation, von der Silvo spricht, wäre in diesem Fall ich selbst gewesen. So weit ist es nicht gekommen, und ich ahne: zum Glück.

Es ist zweifellos am schönsten, von unten nach oben zu klettern. Ich bin es nicht Colin und Zack, sondern mir selbst schuldig, den schönsten, saubersten Stil zu wählen und dabei keine Kompromisse zuzulassen.

Ich beschließe also, auf die Proteste zu reagieren, und halte in einem kurzen, sachlichen Eintrag auf meiner Website fest, dass ich meine Freikletterroute, auch wenn es nicht anders möglich sein sollte, nicht von oben einrichten werde.

Dass daraufhin die Protestler im Internet »Victory!« rufen und sich selbst für diesen »Erfolg« feiern, geht mir sonstwo vorbei. Aber es freut mich, dass Colin in einem Blogeintrag kurz Anerkennung für mein Statement signalisiert und sich davon distanziert, wie hysterisch manche Reaktionen auf seine Kritik ausfielen, von undifferenzierten Red-Bull-Beschimpfungen bis zu Gratulationen, dass es ihm gelungen sei, diesen David Lama in den Arsch zu treten: »Ich habe Protestpostings von einer Menge Leute gesehen, die keine Ahnung vom Cerro Torre, von der Kompressorroute und der aktuellen Kontroverse haben«, schreibt er ziemlich schroff, und er macht sich auch die Mühe, die hochkochende Diskussion dezidiert einzuordnen: »Man sollte nicht vergessen, dass die Kontroverse des letzten Jahres und die aktuelle in ihrer Art und Bedeutung sehr unterschiedlich sind. Was das Team Red Bull in der letzten Saison tat, wurde von fast allen als inakzeptabel erkannt. Auch das Team selbst hat zugegeben, über das Ziel hinausgeschossen zu haben. Die meisten Haken wurden von Rolando Garibotti und seiner Crew abgeschlagen, und das Team Red Bull hat versprochen, die verbleibenden zu entfernen. Über die Tatsache, dass das Team sich besonnen und seine Taktik geändert hat, dürfen wir alle glücklich sein.

Während das Vorgehen des Teams in der letzten Saison dezidiert unethisch war, so ist [Lamas] geplante Taktik für dieses Jahr nuancierter zu betrachten. Wenn vergangenes Jahr die Erlebnisse anderer Kletterer beeinträchtigt wurden, geht es in der aktuellen Kontroverse um Kletterstil. Es ist eine Sache, die viel weniger in schwarz und weiß eingeteilt werden kann.«

Colin macht die Sache an einem Detail fest, das ich ihm bei unserer Unterhaltung erzählt habe: dass ich vorhabe, einen Handbohrer und ein paar wenige Bohrhaken mitzunehmen, wenn ich den Freikletterversuch in der Headwall absolviere. Allein das hat bei manchen für überzogene Reaktionen gesorgt. Aber Colin dröselt die Sache sehr gut und nachvollziehbar auf, deshalb zitiere ich hier noch weiter aus seinem Blog:

»Die Kontroverse um David Lamas Taktik in dieser Saison dreht sich nicht darum, ob er mehr Haken in den Cerro Torre schrauben wird – sondern darum, wie er das tun wird. Manche Menschen finden, dass Bohrhaken in der alpinen Welt überhaupt nichts verloren haben und dass man angesichts unüberwindbarer Kletterschwierigkeiten entweder Umwege machen oder aufgeben sollte. Ich teile diese Meinung nicht ganz – aber ich bewundere sie. Jedenfalls finden viele Kletterer, mich eingeschlossen, einen handgebohrten Haken in extremem Terrain, wo es keine Risse gibt, akzeptabel.«

Colin weist auf einen früheren, offenbar wenig gelesenen Blogeintrag hin, dass er es für absolut vernünftig hält, wenn ich ein Bohrset dabeihabe und notfalls ein paar Haken installiere. Er selbst, sagt er, würde das auch tun, wenn er eine natürliche Linie durch die Kompressorroute auf der Headwall versuchen würde – »natürlich« heißt in diesem Zusammenhang eine Linie, die Schuppen, Griffe und Risse verbindet, wo Maestri seine Bohrhakenleiter durch zwei Seillängen absolut glatten Felsens bohrte.

Die Kontroverse, sagt Colin noch einmal explizit, drehe

sich nur darum, »ob diese Haken eingerichtet werden, während man von unten kommt oder während man an einem Seil hängt. Es gab bisher noch keine Routeneinrichtungen von oben auf den Gipfeln des Fitz-Roy-Massivs, also ist die ethische Debatte darüber neu.«

So schnell die Debatte aufgeflammt ist, so schnell verliert sie auch wieder an Schwung. Colins Fairness und sein differenzierter Blick helfen dabei. Was ich nach den Fehlern im ersten Jahr jedoch lernen muss, ist, dass mir jetzt keine noch so kleinen Fehler mehr verziehen werden.

Der Cerro Torre ist ohne jeden Zweifel der Berg in der Welt, an dem sich Kletterethik und -etikette am schärfsten kristallisieren. Dinge, die auf anderen Bergen zwischen den USA und Pakistan ethisch kein großes Problem darstellen und keinen Menschen interessieren, werden hier mit größtem Ernst und unerbittlicher Konsequenz zu Ende diskutiert. Es gibt kein helleres Bühnenlicht, in dem du dich bewegen kannst, als an den Wänden des Cerro Torre – selbst mitten in der Nacht.

19

Eindeutig: Zeit zu klettern. Das nächste Wetterfenster tut sich vier Tage nach der Diskussion mit Colin und Zack auf, aber Charly Gabl warnt von Innsbruck aus: Für den Torre wird's nicht reichen.

Unsere Strategie, statt dem Torre notfalls Ersatzgipfel zu machen, hat natürlich auch die Aufgabe, uns ein bisschen

Druck wegzunehmen, was unser dezidiertes Ziel betrifft.

Das funktioniert im Großen und Ganzen nicht schlecht, aber manchmal spüre ich trotzdem, wie mich die Ungeduld quält, endlich die Bolt-Traverse hinter mir lassen zu können und ein Gefühl dafür zu bekommen, ob Freiklettern dort oben in der Headwall überhaupt möglich ist.

Am 31. Januar gehen wir ins Nipo Nino. Der Plan: auf die Aguja Saint-Exupéry zu klettern. Die Exupéry ist der Nachbargipfel der »S« in der Fitz-Roy-Kette. Wir wollen sie über die Claro de Luna, eine wunderschöne Freikletterlinie im 6c-Bereich, klettern.

Aber erst einmal verlaufen wir uns. Im Torre-Valley, wo sich das Nipo Nino befindet, hängt so dichter Nebel, dass wir, schon kurz nachdem wir losgegangen sind, nicht mehr wissen, wo wir sind.

Wir stehen im Nebel. Vom Aufstieg auf die »S« haben wir noch in Erinnerung, wo der Weg über die Moräne Richtung Exupéry führt.

Peter zeigt geradeaus nach vorne und sagt: »Zur Exupéry müssen wir hier lang.«

Ich deute in dieselbe Richtung und sage: »Hier geht's zum Torre.«

Problem: Torre und Exupéry liegen auf entgegengesetzten Seiten des Tals. Soll heißen: Wir wissen nicht einmal, auf welche Talseite wir uns zubewegen.

Wir irren gut eineinhalb Stunden herum, bevor wir wieder wissen, wo wir sind. Dabei merken wir, dass wir überhaupt nicht in Richtung Exupéry unterwegs waren, sondern nur einmal das Nipo Nino umrundet haben.

Die Sache fängt ja schon mal gut an, denke ich mir.

Die Claro de Luna ist eine Route, auf der wir einfach ein bisschen zum Freiklettern kommen wollen, anstatt ewig dahinzustiefeln, wie wir das in diesen Tagen zur Genüge getan haben. Jetzt arbeiten wir uns über beschissenes Geröll zum Einstieg der Tour vor. Das Wetter ist grauslich. Es schneit, der Wind pfeift. Wir schauen den Berg hinauf, dann schauen wir einander ins Gesicht. Wenn wir da jetzt hinaufgehen, müssen wir mit Steigeisen klettern, so viel ist klar. »Was meinst?«, frage ich Peter.

Der schüttelt nur den Kopf, und das ist auch meine Meinung. Diese Tour geht man, um Spaß zu haben, und Spaß wartet da oben heute keiner auf uns. Also drehen wir um und gehen zurück nach El Chaltén.

Es dauert abermals vier Tage, bis das Wetter wieder besser wird. Das Warten in El Chaltén ist zwar mühsam und langweilig, aber wenigstens bekommen wir heuer ein paar Wetterfenster – nicht so wie voriges Jahr. Charly kündigt ein Wetterfenster von zwei, vielleicht sogar drei Tagen an, was für den Cerro Torre zu kurz ist, uns aber reicht, um einen anderen Gipfel zu probieren. Wir visieren die Aguja Poincenot an, den hinter dem Fitz Roy und dem Cerro Torre dritthöchsten Gipfel des Massivs, benannt nach einem Kletterer aus der Expedition von Lionel Terray, der 1952 bei der Erstbesteigung des Fitz Roy ums Leben kam.

Der Poincenot ist ein extrem schöner Berg. Spitz, steil, und man sieht ihn immer von El Chaltén, sobald die Wolkendecke ein wenig aufreißt.

Der Normalweg auf den Poincenot führt von Osten über den Glaciar Piedras Blancas auf den Gipfel. Da wir aber unser ganzes Zeug im Nipo Nino, auf der anderen Seite der Fitz-Roy-Kette, haben, beschließen Peter und ich, ihn von der Westseite aus zu probieren. Unser Plan ist es, anschließend wieder über die Westseite abzuseilen, dann ein, zwei Tage im Nipo Nino zu bleiben und zu schauen, wie sich das Wetter entwickelt. Vielleicht, denken wir, ist sogar Torre-mäßig noch was möglich.

Also wieder einmal ins Nipo Nino. Es ist der 6. Februar 2011. Wir gehen gegen zehn schlafen, um eins läutet der Wecker, um zwei starten wir. Wir finden von unten einen super Einstieg Richtung Poincenot, direkt unter der Aguja Desmochada. Die Desmochada ist einer der Vorgipfel des Fitz Roy. Wir gehen über einen Rücken direkt hinauf und folgen dem Grat unter der Desmochada.

Zuerst ist das Gelände leicht. Das Wetter ist okay, nur der Wind bläst ziemlich stark. Am Vortag hat es ein bisschen geschneit, am Fels klebt noch etwas Schnee. Wir queren unterhalb der Desmochada nach rechts, in eine große Rinne. Über der Rinne hängt ein großer Serrac, ein Hängegletscher, der, wenn er abgeht, natürlich über die Rinne abgeht, und dann möchtest du lieber nicht gerade dort sein. Immer wieder hören wir es rumpeln, aber es scheint kein Eis von diesem gewaltigen Eisabbruch herunterzufallen.

Weiter geht es über relativ große Schneefelder nach oben. Wir klettern eine Seillänge, die sich als ordentlich schwer erweist, weil sie ziemlich vereist ist, und gehen weiter über leichtes Gelände zur Whillians-Rampe.

Als wir am Fuß der Rampe ankommen, geht am Cerro Torre gerade die Sonne auf. Das Licht ist überwältigend. Die Gelb- und Rottöne, das fast unwirkliche Glänzen der Eisflächen im Kontrast zur Zeichnung der Felsformationen: Während wir eine kurze Pause einlegen, denke ich mir, wie super es heuer mit Peter läuft und wie lässig es ist, wenn man gemeinsam, ohne Rücksicht auf den anderen, angasen kann, weil man weiß, dass der andere eh mithält.

Bevor es jetzt aber zu romantisch wird, widmen wir uns der Whillians-Rampe. Sie ist extrem ungut zu klettern und bremst unseren Speed. Der Fels ist bröselig, überall liegen lose Felsschuppen herum, und die Absicherung gestaltet sich entsprechend anspruchsvoll. In manchen Teilen der Rampe klebt auch noch Eis, so dass wir immer wieder anhalten müssen, um die Steigeisen anzuziehen.

Die letzte Seillänge, bevor wir in leichteres Gelände kommen, ist noch mal ziemlich steil. Wir müssen einen senkrechten Finger- und Handriss klettern. Es gibt fast keine Tritte, und ich kämpfe mich mit den Bergschuhen langsam hoch.

Ich denke, wie cool es jetzt wäre, die Kletterpatschen anzuziehen, dabei fällt mir ein, dass ich sie in Patagonien noch nicht ein einziges Mal ausgepackt habe. Es hat noch nie wirklich Sinn gehabt: Entweder es war zu kalt oder zu windig, zu vereist oder zu eingeschneit.

Am Ende der Rampe gelangen wir auf die »Carrington-Rouse«, den Normalweg, der von der Ostseite kommt. Wir folgen der Route über leichteres Blockgelände, das wir auch mit Bergschuhen erledigen.

Als wir auf dem Gipfel ankommen – patagonischer Gipfel Nummer zwei, yeah! –, geht der Wind so stark, dass wir wirklich schauen müssen, dass wir nicht vom Berg geweht werden. Unseren Plan, über die Westseite wieder abzuseilen und zurück ins Nipo Nino zu marschieren, können wir vergessen. Zu gefährlich. Der Wind, der immer von Westen, vom Inlandeis, kommt, würde uns sonst in die Seile fahren und sie nach oben peitschen, wo sie sich zwangsläufig irgendwo an Felsvorsprüngen verhängen würden, so dass man sie nicht mehr einholen könnte und abschneiden müsste. Plötzlich stehst du dann ohne Seile da, und das ist auf dem Poincenot nicht so super.

Wir entschließen uns also, den Normalweg über die Ostseite zu nehmen. Dort ist es fast windstill, und die ganzen Standplätze sind bereits eingerichtet. Man findet immer wieder Material, das andere Seilschaften zurückgelassen haben, und kann deren Klemmkeile und Bandschlingen benützen, die beim Abseilen nicht mehr mitgenommen werden konnten.

Die tausend Meter seilen wir schnell ab, überholen zwei Seilschaften und machen uns auf den Weg über den Paso Superior nach El Chaltén.

Auch wenn das ziemlich unspektakulär klingt, es fühlte sich an wie der Weg von der Erde zum Mond. Ich beklage mich selten, aber auf diesem Hatscher tun mir meine Füße so weh, als wäre ich schon eine Woche auf den Beinen.

Wir brauchen vom Gipfel des Poincenot nicht weniger als zwölf Stunden nach El Chaltén, wovon das Abseilen mit Abstand der angenehmste Teil war. Dann geht es ewig lang über ein flaches Gletscherbecken. Am Anfang gehen wir noch am Seil, aber nach einer Stunde packen wir es ein und gehen ohne weiter. Wir gehen, gehen, gehen, und als wir endlich den Paso Superior überschritten haben, gehen wir noch ein endloses Stück über den Gletscher hinunter, und als der Gletscher aus ist, beginnt der normale Weg Richtung El Chaltén, und es wird dunkel.

Wir schalten die Stirnlampen ein und gehen weiter. Der Weg ist alles andere als anspruchsvoll, aber wir sind ihn noch nie gegangen. Wir nehmen die Berge links und rechts nur noch als besonders dunkle Schatten in der Schwärze der Nacht wahr, und ich habe die fixe Idee, dass der jeweils nächste Berg der Cerro Rosado ist, denn der Cerro Rosado liegt ganz nahe bei El Chaltén.

»Jetzt ist es aber wirklich der Cerro Rosado«, sage ich ein paarmal.

Peter sagt zuerst noch »super«, dann sagt er »mhm«, und am Schluss sagt er gar nichts mehr.

Irgendwann überlegen wir kurz, ob wir uns nicht einfach an den Rand des Wegs legen sollen und ein bisschen schlafen – und vor allem die Schuhe ausziehen. Es gibt auf den unendlich langen Kilometern, die wir auf dem Steig zurücklegen, keine verlockendere Vorstellung, als die harten, schlecht dämpfenden Bergschuhe auszuziehen und die geschwollenen Füße von der quälenden Beengung zu befreien. Aber dann rufen wir uns in Erinnerung, dass das Weiterhatschen morgen früh noch viel lästiger wäre, als wenn wir es jetzt in einem Schwung zu Ende bringen. Also hatschen wir weiter.

Wir reden längst nichts mehr. Irgendwann ist nur noch die Monotonie des Gehens angesagt, der Schmerz in den Füßen und das Rezept, das wir uns dagegen ausgedacht haben: Wir gehen, so schnell wir können, weil die Füße eh schon so weh tun, dass es egal ist, ob wir schnell oder langsam gehen. Aber wenn wir schnell gehen, ist es auch schnell vorbei.

Irgendwann lange nach Mitternacht ist der Cerro Rosado dann wirklich der Cerro Rosado, aber die Erleichterung darüber, dass wir demnächst zu Hause sind, wird dadurch neutralisiert, dass wir vom Steig, der ein Trampelpfad auf einigermaßen gut dämpfender Erde ist, auf die asphaltierte Hauptstraße von El Chaltén kommen, auf der das Gehen noch einmal mehr schmerzt – auch wenn ich nicht gedacht hätte, dass das möglich ist. Die letzten zehn Minuten sind die schlimmsten, die wir an diesem Tag gegangen sind. Das merke ich daran, dass sich jetzt sogar Peter beklagt, der sonst gar nicht weiß, was Sich-Beklagen ist.

Dann stehen wir vor dem Paradies, unserem Container. Wir sperren die Türe auf, schmeißen die Rucksäcke in die Ecke, ziehen stöhnend die Schuhe aus und hauen uns im T-Shirt ins Bett. Nichts mehr essen, nichts mehr trinken. Es ist zwei Uhr früh. Wir sind ohne nennenswerte Pause seit 23 Stunden unterwegs.

20

Eine der unzähligen Baustellen in unserem Container ist die Dusche. Sie ist klein und beschissen, und das Wasser läuft nicht ab. Ich bespreche das Problem kurz mit Peter, und wir finden schnell eine Lösung: Ich nehme mein Eisgerät und haue ein Loch in den Boden des Containers, damit das blöde Wasser endlich abrinnt.

Gegen Mittag sind wir aufgestanden, haben einen Kaffee getrunken und unsere Sachen zum Trocknen aufgelegt. Ich hole aus dem Maxikiosco gleich neben unserem Container etwas zu essen. Das Geschäft ist ein Phänomen. Es ist vielleicht vier mal fünf Meter groß, aber es gibt einfach alles zu kaufen, wie im größten Supermarkt zu Hause. Ich nehme Wurst, Käse, Brot, Chips und Bier mit.

Die Straße hinauf geht es zum schicksten Hotel von El Chaltén. Das Hotel hat sogar eine Bar. Aber dort gehen wir nie hin, weil es viel zu schickimicki ist. In die Cervecería gehen wir auch nicht mehr gern. Die Kellnerinnen vom ersten Jahr haben gewechselt, die neuen kennen uns nicht mehr. Es sind auch kaum noch Kletterer dort, sondern vor allem Trekking-Touristen. Wir haben inzwischen so viel Zeit in El Chaltén verbracht, dass wir uns gar nicht mehr als Touristen empfinden, sondern als eine Art Einheimische. Zu den Festen der Locals sind wir immer eingeladen, und wenn wir ein Bier trinken wollen, gehen wir in die Bar von Andrea: Andrea arbeitete im ersten Jahr noch in der Cervecería und hat inzwischen ihr eigenes Lokal aufgesperrt.

Als ich frisch geduscht vor dem Container stehe, sehe ich etwas Beunruhigendes. Das Wetter ist noch immer schön. Für einen Augenblick kriege ich die Panik. Könnte es sein, dass gerade das Wetterfenster, auf das wir seit zwei Wintern warten, da ist und dass ich es damit vergeude, Löcher in die Dusche unseres Containers zu pickeln? Ich fahre den Computer hoch und vertiefe mich in die meteorologischen Seiten, die mir diese Frage beantworten können. Aber auch die sagen mir nicht viel mehr, als dass das Wetter gerade noch schön ist, aber sehr schnell wieder umschlagen kann.

Ich sitze am Nachmittag vor dem Container und habe die Beine hochgelegt, als ich höre, dass Peter ein Problemgespräch am Telefon führt.

Alpinismus ist nicht unbedingt ein Beziehungssport. Ich habe da leicht reden, denn ich habe keine fixe Beziehung und keine eigene Familie, und das hat viel damit zu tun, dass das Klettern eine so zentrale Rolle in meinem Leben einnimmt. Wenn die Verhältnisse passen, will ich auf den Berg, egal ob das hier in Patagonien ist oder irgendwo sonst.

Bei Peter ist das anders. Er hat Familie – Freundin, eine Tochter, die noch nicht ganz ein Jahr alt ist –, und seine Freundin teilt Peter gerade am Telefon mit, dass sie es nicht mehr aushält, allein mit der Kleinen daheim zu hocken, während er am anderen Ende der Welt weiß Gott wie gefährliche Sachen anstellt.

Ich weiß nicht genau, was da alles verhandelt wird, aber als Peter nach einem endlosen Telefonat, das auf seiner Seite vor allem aus Schweigen bestanden hat, um die Ecke des

Containers biegt, sehe ich in seinen Augen eine Müdigkeit und Verzweiflung, die ich noch nicht kenne.

»Ich muss heim, sonst ist sie weg«, sagt er.

Ich schlage dann vor, statt eines Beziehungsgesprächs – ich bin ehrlich gesagt nicht besonders geeignet für Beziehungsgespräche – etwas trinken zu gehen, und Peter unterstützt diesen Vorschlag auf der ganzen Linie.

Wir gehen ins Tangueria, eine Bar, die etwa eine Viertelstunde vom Container entfernt ist, und die Strahlen der patagonischen Sonne begleiten uns dabei. Erst mitten in der Nacht gehen wir nach Hause. Sternenhimmel. Peter hat in der Zwischenzeit seinen Kummer wirklich konsequent ertränkt. Der Weg von der Bar ist für ihn ganz offensichtlich länger als der Weg vom Poincenot nach El Chaltén. Er bleibt immer wieder stehen, setzt sich auf den Boden und will nicht weitergehen, und als ich ihn endlich im Container habe, sind bestimmt wieder zwei Stunden vergangen.

Wir schlafen in unseren Stockbetten. Im Container stehen zwei davon. Im unteren Bett liegt unser Zeug, Rucksack, Kleider, Klettermaterial. Oben schlafen wir.

Peter muss noch etwas essen. Wenn er etwas getrunken hat, muss er immer noch etwas essen, Stichwort Wurstsemmel an der Tankstelle. Aber ich habe meine Pflicht für heute erledigt, ich schwinge mich ins Bett hinauf und lasse Peter noch irgendwelche Chips-Packungen leeren. Über dem Knistern der zur Vernichtung freigegebenen Packung Kartoffelchips schlafe ich ein.

Ich erwache von einem gewaltigen Tuscher. Ich fahre

hoch, taste nach meinem Handy, um es als Taschenlampe zu verwenden, da höre ich schon ein lautes Stöhnen und kombiniere, dass es den besoffenen Peter aus dem Bett rausgehaut hat, aus dem ersten Stock wohlgemerkt. Aber bevor ich mir Sorgen machen kann, dass er sich dabei ernsthaft weh getan hat, steht er schon wieder und zieht sich hoch ins Bett – nur nicht in sein Bett, sondern zu mir hoch. Keine Ahnung, ob er nur die Seiten verwechselt hat oder mich für seine Freundin hält, mir wird das zu eng – und zu laut, denn der Peter kann nicht nur super klettern, sondern auch super schnarchen.

Bevor ich mich in meinem Schlafsack in die Küche unseres Containers haue, treffe ich noch ein paar Sicherheitsvorkehrungen. Zuerst lege ich das Crashpad, unsere Bouldermatte, zwischen die Betten, damit Peter einen möglichen zweiten Absturz auch noch mal überlebt. Dann gehe ich vor den Container und hole eines unserer Kletterseile. Ich mache das Seil am Lattenrost von Peters Bett fest, führe das Seil über seinen Körper zum kleinen Fenster unseres Containers und befestige es draußen an einer Kiste Bier. Er ist jetzt also notdürftig in seinem Bett fixiert und sozusagen doppelt gegen einen Absturz gesichert.

Das muss reichen. Ich schnappe mir meinen Schlafsack und lege mich in die Küche, um dort störungsfrei den Rest der Nacht zu verbringen.

21

In der Früh wache ich auf und schaue in eine Kamera. »Was ist los mit euch?«, fragt Dirni mit einem nervösen Flackern in den Augen. »Die anderen Jungs sind schon längst am Torre. Wollt ihr hier unten anwachsen?« Wie? Was? Während ich mich aus dem Schlafsack schäle, dringen aus dem Inneren des Containers merkwürdige Geräusche. Dirni macht die Tür auf, und ich sehe, wie Peter mit dem Seil kämpft, mit dem ich ihn an meinem Bett fixiert habe, und dass er gerade überhaupt keine Idee hat, was er da soll, angebunden im Bett, die Bouldermatte unten am Boden und Dirni, der ihn mit seiner Kamera fixiert.

Aber ich muss jetzt die Wetterdaten checken. Die Vorhersage ist nicht direkt gut, es hat schon einen Grund gehabt, warum wir den Poincenot gemacht haben und nicht den Torre.

Ich starre die Kurven und Balken auf dem Meteogramm an und versuche mir ein Bild zu machen.

Was ich sehe, reime ich mir so zusammen: Das Wetterfenster, das wir ausgenützt haben, um den Poincenot zu machen, ist größer geworden. Wir haben die Entscheidung, nicht auf den Torre, sondern auf den anderen Gipfel zu gehen, möglicherweise zu früh getroffen.

Es folgen jetzt zwei, drei aufgeladene, aber planlose Stunden. Wir sind nicht hundert Prozent fit – ich neunzig, Peter fünfundsiebzig –, und wir sind uns nicht sicher, ob es wirklich einen Sinn hat, heute noch ins Nipo Nino zu gehen und morgen den Versuch auf den Torre zu starten.

Zuerst sagen wir also nein, wir gehen nicht. Dann ja, doch. Dann wieder nein. Dirni und den anderen wird es irgendwann zu anstrengend, und sie beschließen, etwas essen zu gehen. Ich bespreche mich ein letztes Mal mit Peter. Dann entscheiden wir, dass es keinen Sinn hat. Ich gehe also zu den anderen in die Kneipe und sage ihnen, dass wir nicht glauben, dass es sich noch ausgeht.

Irgendwann am Nachmittag erinnere ich mich daran, wie merkwürdig es sich heute in der Nacht angefühlt hat, in El Chaltén zu hocken und einen makellosen Sternenhimmel zu sehen. Plötzlich erfasst mich eine quälende Unruhe, dass wir auch diese Saison streichen können, wenn wir uns nicht heute auf den Weg machen, bloß weil wir ein bisschen verkatert sind und das Wetterfenster nicht richtig beurteilen. Könnte sein, dass wir heute die letzte Chance für diese Saison bekommen: Wenn das schlechte Wetter erst wieder zurück ist, wird es mindestens eine Woche lang schlecht sein. Es ist schon spät in der Saison, die Temperaturen werden kräftig fallen, die Wände des Torre bleiben dann vereist, das Eis wird nicht mehr aus den Rissen und Verschneidungen verschwinden. Kurz, der Berg wird wieder unkletterbar sein, und wir werden eine weitere Saison verschissen haben.

Kommando zurück, wir gehen doch. Dirni und die anderen sind zu dieser Zeit schon am anderen Ende des Ortes und vertreiben sich die Zeit mit Bouldern. Als ich mich auf den Weg mache, um sie zu suchen, schnappe ich mir schon eine 1½-Liter-Flasche mit Wasser und beginne vorzutrinken. Man sollte glauben, dass diese Technik den Kamelen vorbehalten ist, aber auch Menschen können auf Vorrat trinken. Als ich bei den Kollegen ankomme, um sie zu informieren, dass wir es doch probieren, ist die Flasche leer, und ich muss mich die nächsten Stunden nicht mehr damit aufhalten, irgendwo Wasser nachzutanken.

Um fünf brechen wir in El Chaltén auf, Laufschritt ins Nipo Nino. Ich glaube, ich kenne die Strecke inzwischen so gut, dass ich sie gehen könnte, ohne ein einziges Mal die Augen zu öffnen. Weil wir unsere Zustiegsschuhe bei der Tour auf den Poincenot im Nipo Nino zurückgelassen haben, marschieren wir in unseren Crocs los. Erst kurz vor dem Gletscher ziehen wir uns die Bergschuhe an, dabei geht der Reißverschluss meiner Gamasche kaputt. Egal, gehe ich eben mit einem offenen Schuh weiter.

Gegen neun sind wir im Lager, der Dreck von gestern ist längst ausgeschwitzt. Von jetzt an *business as usual*. Wecker auf zwei stellen, kurzer oberflächlicher Schlaf, während das Zelt im Wind knattert. Als ich mich anziehe, fällt mir auf, dass ich die Gamasche noch reparieren muss. Ich bohre mit einem Messer kleine Löcher in die Außenhaut meines Bergschuhs, um mit einer Schnur, die ich durch die Löcher fädle, den klaffenden Reißverschluss zusammenzuziehen, so dass er zumindest ein wenig Schnee abhält. Als ich fertig bin, fällt mir ein winziges Detail auf: Ich habe den Bergschuh geflickt, der gar nicht kaputt war. Während Peter schon seinen zweiten Kaffee trinkt, wiederhole ich die Prozedur am richtigen Fuß, fluche leise vor mich hin und ärgere mich über das vergnügte Grinsen meines Partners, der sich gerade vorzüglich auf meine Kosten amüsiert.

Um drei brechen wir auf. Norweger-Biwak, Media Luna,

unter die Ostwand und rauf auf die Schulter. Das Wetter ist makellos. Auf der Schulter legen wir noch eine Rast ein, Peter schläft ein bisschen, ich schmelze Schnee und fülle unsere Flaschen auf. Zu Mittag steigen wir ein.

Ich kann gar nicht glauben, wie gut die Verhältnisse sind. Sonne, der Wind nicht zu stark, die Temperaturen richtig angenehm. Ich wechsle einen Blick mit Peter, dann packen wir die Kletterpatschen aus. Premiere in Patagonien. Zum ersten Mal mit Kletterschuhen am Fels.

Der Fels ist wie verwandelt. Wo beim ersten Versuch vor drei Wochen noch das Eis lästig in den Rissen gepickt ist, ist jetzt alles trocken, so dass wir schnell Meter machen können. Wo wir uns beim ersten Versuch unendlich geplagt haben, klettern wir jetzt locker drüber. Dieselbe Strecke, für die wir beim letzten Mal über sieben Stunden gebraucht haben, erledigen wir jetzt in zweieinhalb.

Als wir bei der Bolt-Traverse ankommen, sind die Verhältnisse noch immer genial. Wir steuern einen Bohrhaken nach dem nächsten an, der im schwarz gescheckten Granit sitzt, hängen uns ein, ziehen uns hoch, arbeiten uns zielstrebig und ohne unnötige Gedanken weiter nach oben. Wir überqueren die Stelle, wo für uns bisher immer Endstation gewesen ist, als wäre es ein Kinderspiel. Wir haben einen neuen Highpoint.

Wir wechseln die Kletterschuhe wieder gegen die Bergschuhe. Ein sorgenvoller Blick aufs Wetter, aber das Wetter scheint zu halten. Also nehmen wir die Iced Towers in Angriff. Ich spüre, dass wir jetzt die Chance haben, den Gipfel zu erreichen. Es ist etwa halb drei Uhr nachmittags.

Wir folgen der Kompressorroute von Cesare Maestri. Es ist halb fünf, als wir unser erstes Problem haben. Hier am Ende der Iced Towers, unterhalb der Headwall, stecken Bohrhaken im Abstand von etwa einem Meter übereinander, eine Bohrhakenleiter. Aber die Haken sind dick vereist. Keine Chance, sie jemals zu finden.

Also müssen wir ausweichen. Links von uns sehen wir einen Gully, einen etwa sechzig Meter hohen, beidseitig vereisten Riss von weniger als einem Meter Breite. In diesem Riss arbeiten wir uns hoch, in jeder Hand ein Eisgerät, ohne jedoch richtig ausholen zu können, um die Spitze des Eisgeräts tief ins Eis zu schlagen. Kaum holst du ein bisschen aus, prallt das Eisgerät schon wieder auf der anderen Seite ab. Es ist grauslich und anstrengend, und zu allem Überfluss ist der Gully auch noch ganz schön gefährlich. Das ganze Eis, das oben abbricht, wird im Gully hinunterziehen wie in einem Trichter, mit der kleinen Feinheit, dass wir uns in diesem Trichter befinden.

Ich achte mit voller Konzentration auf jedes Geräusch von oben. Ein paarmal höre ich, wie etwas auf mich zukommt, und verspanne mich vorsorglich. Aber es kommt nichts Großes. Vielleicht bilde ich mir den Scheiß auch nur ein.

Plötzlich ein Poltern, nur ganz kurz, und gleich darauf der Schlag, ein böser, heftiger Schlag eines Eisbrockens, der den doppelten Umfang eines Fußballs hat. Er kracht mir auf den Helm, der Helm bekommt einen Sprung, dann erwischt der Eisbrocken meine linke Schulter, der wuchtige Schlag bringt mich fast aus der Balance, schließlich donnert das Eis weiter nach unten und verschwindet.

Ich bin starr vor Schreck. Schock. Ganz vorsichtig probiere ich aus, wie es sich anfühlt, den Kopf kreisen zu lassen, es tut ein bisschen weh, aber nicht mehr. So ein Brocken Eis markiert oft genug das Ende so mancher Bergsteiger-Biografie. Ich befinde mich ein gutes Stück oberhalb meiner einzigen Eisschraube. Gott sei Dank habe ich meine Eisgeräte nicht losgelassen.

Wir verlassen den Gully und steigen in die Headwall ein. Dort überholen wir Chris Geisler und Jason Kruk, die Seilschaft, die sich hier ohne die Maestri-Bohrhaken ziemlich mühsam hinaufkämpft. Es ist sechs Uhr abends. Oben sehe ich den Kompressor hängen, mit dem Cesare Maestri sich seinerzeit nach oben gebohrt hat.

Um schnell vorwärtszukommen, nimmt jeweils der Vorsteiger das gesamte Material. Das erlaubt uns, die gesamte Länge der beiden Halbseile, insgesamt sechzig Meter, auszunützen, ohne dazwischen Stand machen zu müssen. Peter ist die letzten beiden Längen vorgestiegen, jetzt habe ich übernommen.

Ich nähere mich dem Kompressor, auf dem ich Stand machen möchte. Er ist nur noch drei, dann zwei Meter entfernt, ich kann über dem Eiszapfen, der sich unter der Maschine gebildet hat, bereits die Konturen ihres Innenlebens erkennen, aber plötzlich geht es nicht weiter: Ich kriege kein Seil mehr.

Ich rupfe am Seil, weil ich denke, dass es sich irgendwo verhängt hat. Aber da rührt sich nichts, bis ich begreife, dass wir uns verschätzt haben, dass die sechzig Meter Seil aufgebraucht sind und dass Peter jetzt seinen Standplatz abbauen und losklettern muss.

Ich habe auf den sechzig Metern nur vier Expressschlingen und vielleicht zwei Bandschlingen als Zwischensicherung in die alten 6-Millimeter-Haken von Maestri eingehängt. Sowohl Peter als auch ich wissen, dass bei so weiten Abständen zwischen den Sicherungspunkten alle Haken brechen, wenn jetzt einer von uns abgeht und wir beide 1500 Meter, bis an den Fuß der Ostwand, stürzen werden.

Die Sache fühlt sich ungut an. Wir klettern ja technisch, und das macht für das Gefühl beim Klettern einen deutlichen Unterschied. Beim freien Klettern weißt du, wie du dich fühlst, wann du müde wirst und deshalb besonders aufpassen musst. Beim technischen Klettern hängst du immer in den Haken, jetzt in kurzen 6-Millimeter-Haken, die schon seit über vierzig Jahren dem Wetter am Torre trotzen, von denen du nie weißt, wie viel sie noch halten. Sie können bombenfest sein, sich aber auch ganz plötzlich aus dem Fels verabschieden, und wenn sie das tun, tun sie es ohne Vorwarnung oder irgendwelche anderen Anzeichen, dass gleich etwas passiert. Entsprechend sicher fühlst du dich.

Peter meldet mit einem Ruf, dass er jetzt auch am Klettern ist, ich kann also weiter auf den Kompressor klettern. Das ist gar nicht so einfach, denn ich muss dafür über den Eiszapfen queren, von dem ich nicht weiß, wie stabil er ist, und ich möchte nicht, dass irgendetwas abbricht und nach unten donnert, wo Peter genau in der Falllinie klettert.

Ich halte mich oben am Kompressor fest und suche mit gespreizten Beinen nach einem Halt für meinen rechten Fuß. Zwischen den Beinen befindet sich der Zapfen aus Eis und Anraum. Ich muss jetzt ganz sensibel klettern, um die heikle

Balance von Fels, Kompressor und dem daran haftenden Eis nicht zu stören. Ich muss ein paarmal ansetzen, um schließlich die richtige Bewegung hinzukriegen, aber dann steige ich endlich auf Maestris legendäres Gerät und mache dort Stand.

Vergleichsweise bequem. Wie viele herrliche Sonnenaufgänge dieses Ding schon gesehen haben mag. Wie viele Stürme ihm schon um die Ohren gepfiffen sind. Spätestens jetzt bin ich mir sicher: Wir werden es heute bis ganz hinauf schaffen.

Peter kommt nach. Wir stehen jetzt beide auf dem Kompressor. Peter ist an der Reihe, die Bridwell-Länge vorzusteigen. Es wird schwieriger.

Die nächste Seillänge ist die, aus der Cesare Maestri persönlich die Haken, die er vorher mühsam eingebohrt hatte, herausgeschlagen hat. Jim Bridwell war der Erste, der diese Länge erneut kletterte, notdürftig ausgerüstet mit Copperheads – Weichmetallsicherungen, die man so lange weichklopft, bis sie sich an die Oberfläche des Fels angepasst haben – und Rurps – kleinen Messerhaken, die auch nicht viel mehr halten. Es muss eine wilde technische Kletterei gewesen sein, die Bridwell da abgeliefert hat, und es ist fair genug, dass die Seillänge heute seinen Namen trägt.

Der Wind bläst stärker. Es ist kalt. Der Fels ist vereist.

Um es genau zu beschreiben: Es ist scheißkalt. Wir haben, um Gewicht zu sparen, die warmen Anoraks unten gelassen und nur die leichten Goretex-Jacken übergezogen. Wir sind müde, erschöpft vom Aufstieg und den Tagen davor und was weiß ich. Wir stehen auf dem Kompressor, frieren, haben seit

Stunden weder etwas gegessen noch getrunken und fühlen uns für einen Augenblick ein bisschen elend.

Peter, der natürlich spürt, was Sache ist, auch wenn keiner von uns ein Wort gesagt hat, quetscht den entscheidenden Satz zwischen den Lippen hervor: »Aber jetzt geben wir nicht auf.«

Korrekt.

Peter zieht sich jetzt die ersten zehn Meter vom Stand noch an den verbliebenen Bohrhaken hoch, weiter oben wird die technische Kletterei aber noch einmal erheblich schwieriger. Der Fels ist total vereist, Peter muss sich sich langsam, Meter für Meter, nach oben arbeiten. Ich sehe, wie er kämpft, während ich mir den Arsch abfriere, und ich spüre, wie in mir die alten Zweifel aufsteigen, ob uns der Berg einmal mehr abblitzen lässt.

Scheißberg. Schöner Berg.

Wir geben jetzt nicht auf.

Peter tastet nach kleinen Unebenheiten, aber er findet keine, weil der Fels so vereist ist. Ich kann seine Flüche hören, obwohl der Wind inzwischen wie ein Düsentriebwerk dröhnt. Mit dem Eisgerät muss er die Leisten freilegen, an denen er seinen Cliff platziert, um sich dann hochzuziehen. Das dauert, das Licht wird langsam schwächer. Die Kälte nimmt zu. Umdrehen ist keine Option: Ein paar Meter vor dem Gipfel umzukehren, würden wir uns ein ganzes Leben lang vorwerfen.

Es sind quälende Viertelstunden, bis sich Peter endlich bis zum Ausstieg der Headwall hochgekämpft hat und am Anfang des Gipfeleisfelds ankommt. Jetzt bin ich dran. Ich habe mir am Stand auf dem Kompressor bereits meine Steigeisen angezogen, um nachher keine Zeit mehr zu verlieren. Es wird langsam dunkel, und ich will noch etwas sehen, wenn ich am Gipfel stehe. Von freier Kletterei überhaupt keine Spur. Ich ziehe mich am Seil hoch, wie man das manchmal beim Turnunterricht in der Schule tut. Ohne Jumars, ohne Trittleitern, einfach am Seil hochziehen, ausatmen, einatmen, wieder hochziehen. Dabei krampfen mir einmal die Ober- und Unterarme so zu, dass ich fünf Meter nach unten rutsche und einen gellenden Fluch loslasse. Die fünf Meter muss ich ja wieder nach oben, und die dreißig Stunden, die wir bereits unterwegs sind, machen sich jetzt auch bemerkbar.

Als ich mich am Seil hinauf durch die Headwall gezogen habe und mein Beil in die kalte, griffige Textur des Gipfelschneefelds schlagen kann, bin ich so müde, dass ich mich am liebsten fallen lassen würde, aber das wäre der falsche Moment. Also sprinte ich regelrecht los, ziehe mit langen, schnellen Schritten hoch in Richtung Gipfelplateau, mein Herz schlägt mir bis zum Hals, eine Trittleiter hängt links von meinem Klettergurt, ich nehme Notiz von ihr, denke eine Sekunde daran, sie einzupacken, aber scheiß drauf, ich schleife sie einfach nach und steige, so schnell es geht, nach oben.

Es ist fünf nach zehn. Der Himmel ist goldgelb. Die Sonne ist schon längst untergegangen, und das Licht ist so schön wie nirgendwo sonst auf der Welt.

Auf dem Plateau befinden sich zwei Eispilze, ich visiere auf gut Glück den an, der mir höher scheint. Absolviere die letzten hundert, zweihundert Schritte, stehe oben, meiner ist tatsächlich der höhere, ich sichere Peter nach, er steht neben mir, wir lassen den Blick schweifen. Das Panorama ist atemberaubend. Die Sonne ist untergegangen und hat einen breiten orangeroten Streifen am Himmel hinterlassen. Ein halber Mond steht hell über uns. Der Fitz Roy verschwindet bereits in der Dunkelheit.

Am lässigsten aber ist die simple Tatsache, dass es jetzt endlich, nach zwei Jahren Anlauf, gelungen ist, diesen Gipfel zu erreichen.

»Jetzt haben wir's«, sage ich zu Peter.

»Cool«, antwortet er und strahlt hell wie der Mond.

Ich spüre, wie sich so etwas wie Glück in meiner Bauchgegend ausbreitet. Ganz abgesehen davon, dass mein Projekt noch lange nicht beendet ist, habe ich etwas erreicht, was sich für mich so richtig lässig anfühlt und worüber ich mich aus ganzem Herzen freuen kann.

Wir verbringen nur ein paar Minuten da oben, aber es sind Minuten, die ich nie vergessen werde. Geredet wird nicht viel. Was soll man da viel sagen? Ich bin ja kein Pfarrer.

Dann seilen wir ab, wieder hinunter, in die Nacht hinein. Wir brauchen genau dreieinhalb Stunden, bis wir wieder auf der Schulter ankommen, das ist so schnell, dass wir selbst davon überrascht sind.

Wir setzen uns in die Randspalte auf der Schulter, aber bevor wir uns für ein paar Stunden hinhauen, wäre es jetzt nicht schlecht, noch was zu essen und zu trinken. Alles da. Travellunch »Jägertopf«, Kocher, Gas, Feuerzeug.

»Mach Feuer«, sagt Peter.

Ich nehme das Feuerzeug aus der Deckeltasche von meinem Rucksack.

Aber das Scheißding funktioniert nicht. Ich drehe das Rädchen, an dem der Feuerstein befestigt ist, aber es sprüht keine Funken.

»Lass mich«, sagt Peter und probiert es mit der Vehemenz eines Menschen, der jetzt sehr schnell seinen »Jägertopf« haben will. Aber das Feuerzeug ignoriert auch seine Versuche. Die Minuten verstreichen, es ist gleich zwei Uhr früh. Zum ersten Mal an diesem langen Tag sind wir der Verzweiflung nahe. So eine Scheiße. Normalerweise hat man kein Gas oder keinen Proviant oder kein Feuerzeug, aber ein Feuerzeug, das nicht funktioniert, ist die Höchststrafe.

Wir kommen auf ziemlich kreative Gedanken, zum Beispiel hinauszugehen und mit den Steigeisen so über den Fels zu radieren, dass sie Funken sprühen. Aber wir kommen, auch ohne das versucht zu haben, zum Ergebnis, dass wir uns damit bloß zum Deppen machen.

Peter nimmt das Feuerzeug noch einmal sorgfältig auseinander, trocknet jedes Teilchen gewissenhaft, und irgendwann springt das Ding tatsächlich an. Die Flamme des Gaskochers darf dann so lange brennen, bis die Gaskartusche leer ist.

Wir schlafen drei Stunden und gehen am nächsten Morgen wieder zurück nach El Chaltén.

22

Dirni ruft mich irgendwann zu Hause in Götzens an und fragt mich, ob ich Zeit habe, er möchte mir was zeigen. Klar habe ich Zeit, ich ahne schon, worum es geht. Es ist das erste Mal, dass ich die Aufnahmen sehen kann, die Dirni aus dem Helikopter gemacht hat, als Peter und ich um zehn Uhr abends über den Gipfel-Eispilz gestapft sind. Es sind unglaublich schöne Bilder. Die Farben eines Sonnenuntergangs, unmittelbar bevor das Wetter umschlägt. Das Panorama des Fitz-Roy-Massivs im dramatischen Licht dieser späten Abendstunde. Ich habe so fantastische Natur- und Kletteraufnahmen noch nie vorher gesehen, und die Tatsache, dass ich es bin, der sich vor einer unfassbaren Kulisse aus Formen und Farben über das Gipfeleis des Cerro Torre bewegt, setzt für einen Augenblick meine Emotionen von damals wieder frei.

Allerdings ertappe ich mich dabei, wie ich nach dem ersten starken Gefühl, das die Bilder bei mir auslösen, sofort wieder nach Strukturen in der Headwall suche. Denn ich bin mir zwar inzwischen ziemlich sicher, dass der Cerro Torre frei zu klettern geht, aber im Detail weiß ich das immer noch nicht.

Was ich gesehen habe: Es gibt in der Headwall Strukturen, positive und negative Leisten. Positive Leisten sind Hinterschneidungen, reliefartige Strukturen, an denen man sich festkrallen kann, auch wenn sie sich nur wenige Millimeter von der sonst glatten Wand abheben. Negative Leisten sind abschüssige Vorsprünge im Fels. Sie brauchen eine gewisse Größe, damit man sich an ihnen festhalten kann.

Beim Hinaufziehen am Seil habe ich gesehen, dass es eine Menge solcher Leisten in der Headwall gibt. Das ist eine hilfreiche Beobachtung, denn diese Hinterschneidungen und Vorsprünge machen es erfahrungsgemäß möglich, dass man selbst Wände, die glatt wie ein Duschvorhang aussehen, durchklettern kann.

Um das genauer in Augenschein zu nehmen, hat unsere Zeit in der Headwall nicht gereicht, aber ich wollte ohnehin nur einen Eindruck bekommen. Ich habe schon immer vermutet, dass meine Freikletterlinie rechts von Maestris Bohrhakenleiter hinausführen und erst am Ende der Headwall wieder zurück in die klassische Tour münden wird, und diese Vermutung scheint zu stimmen.

Damit hat sich auch völlig selbstverständlich die ganze Geschichte erübrigt, deretwegen tausend Menschen Kettenbriefe durch die Welt geschickt haben. Weder haben wir uns abgeseilt, um die Freikletterroute auszuchecken, noch haben wir eine Variante von oben eingerichtet. Wir haben Eindrücke gesammelt. Im nächsten Jahr werden wir versuchen, diese Eindrücke in einen makellosen Klettererfolg umzusetzen, sauber und geradlinig, von unten nach oben, im vollen Bewusstsein aller Schwierigkeiten und als Zeichen unseres Respekts für diesen grandiosen Berg und alle, die auf ihm klettern wollen.

Ob es geht? Ich glaube ja. Sicher bin ich nicht, und manchmal, wenn ich mir die nächste Saison in Patagonien vorstelle, beschleichen mich auch leise Zweifel. Alex Huber erklärte Colin Haley* gegenüber die Gründe, warum er das Projekt fallengelassen hat, so:

Ich bin die Kompressorroute im Jänner 2002 geklettert, um zu sehen, ob man sie frei klettern kann. Der Berg ist fantastisch, die Linie atemberaubend. Sie schien darauf zu warten, frei geklettert zu werden. Nach der Besteigung war ich nicht mehr so enthusiastisch, denn es gab verschiedene Gründe, die das Projekt nicht sehr attraktiv machten.

Erstens die Bedingungen. Du musst auf die optimalen Bedingungen warten. Du brauchst nicht nur gutes Wetter, du brauchst auch trockenen Fels. Dann brauchst du einen motivierten Partner, was bei Langzeitprojekten wie diesem ziemlich schwierig ist. Schließlich ist die Qualität des Granits in der Headwall ziemlich schlecht. Lockere und zerbröselnde Schuppen machen das Klettern nicht so fein wie erwartet. Und es könnte am Ende der Headwall noch ein großes Fragezeichen geben. Es sieht so aus, als ob die frei zu kletternde Linie etwa dreißig Meter unterhalb des Kompressors die Bohrhakenleiter verlässt und nach links hinaufführt, in eine Formation von schmalen Rampen. Dann scheint diese Formation in zehn Meter leicht überhängenden, kompakten Granit zu münden. Darüber leichteres Terrain und dann der Gipfel-Eispilz. Diese zehn Meter Granit sind entscheidend, denn ihre Oberfläche sieht aus dem Abstand sehr porös aus, und ich bin nicht sicher, ob die dünnen Strukturen für freies Klettern geeignet sind.

Alex kommt zu dem Schluss, dass sowohl der Berg als

* Siehe colinhaley.blogspot.de, Eintrag vom 30. Januar 2011.

auch die Linie für ein großartiges Klettererlebnis perfekt geeignet wären – das Klettern selbst jedoch das Problem sei. Da bin ich nicht seiner Meinung. Das freie Klettern der Kompressorroute ist mein Traum, und je näher ich der Verwirklichung dieses Traums komme, desto interessanter und vielschichtiger wird der Traum selbst, mit allen seinen Herausforderungen und Tiefschlägen, die ich überwinden muss. Auch Haley hat in seinem Blog ein paar Gründe zusammengefasst, warum es fast unmöglich ist, den Torre über die Kompressorroute frei zu klettern.

Man muss dafür zwei Abweichungen von der Standardroute machen. Eine ist die etablierte Salvaterra-Variation, und für die andere würde eine Variante in der Headwall notwendig sein. Die Salvaterra-Variante ist zu 85 Prozent der Zeit von Eis und Anraum bedeckt, und die mögliche Variante in der Headwall zu 95 Prozent der Zeit. Alex Huber, der bekanntlich ein begnadeter Big-Wall-Kletterer ist, dachte darüber nach, die Kompressorroute frei zu klettern. Alex, der genug Erfahrung im Klettern in Patagonien hat, hat eingesehen, dass die Herausforderungen an Wetterbedingungen und Logistik, die man bewältigen muss, um die Kompressorroute frei klettern zu können, so gewaltig sind, dass er stilistische Kompromisse machen müsste, die den Aufwand nicht lohnen würden.

Colin kommt auch auf mich zu sprechen und darauf, dass ich meinen Plan entwickelt habe, ohne überhaupt in Patagonien gewesen zu sein. »Ich denke«, schreibt er skeptisch, »dass es schlau von David Lama wäre, sich ein Projekt auf dem Fitz Roy zu suchen, zum Beispiel Royal Flush oder El Corazon, die für freies Klettern weit besser geeignet sind.«

Ich könnte mir ganz gut vorstellen, diese Touren auf dem Fitz zu machen. Aber ich bin nicht bereit, den Torre einfach zu streichen, weil sich das Projekt schwieriger gestaltet, als ich das am Anfang für möglich gehalten habe. Die Kontroversen, die ich durchgestanden habe, sind nicht spurlos an mir vorübergegangen. Sie haben mir geholfen, Format zu gewinnen. Sie haben mir geholfen, der Sichtweise des begabten Sportkletterers, die für die ersten zehn, zwölf Jahre meiner Karriere ausgereicht hat, neue Dimensionen hinzuzufügen, positive und negative. Der Alpinismus hat sich nicht nur als ein Terrain erwiesen, wo ich meine Ideen ausleben kann, sondern auch als harte Schule für meine Urteilskraft, meine Leidenschaft, mein Verantwortungsbewusstsein und meine Konzeption des Kletterns an sich.

Vom Sportkletterer zum Alpinisten

»Ich fühle mich nicht mehr als Sportkletterer. Die beiden Winter in Patagonien haben mir eine andere Prägung verpasst.«

»Die eigene Linie: Sie führt nicht nur auf den Berg hinauf. Sie führt geradewegs zu dir selbst.«

23

Meine Partner sind, so wie ich, in den ersten beiden Saisonen in Patagonien ernsthaft auf die Probe gestellt worden. Statt von meinem Projekt zu profitieren, haben sie sich Kampagnen eingefangen, in denen dezidiert dazu aufgefordert wurde, ihre Produkte nicht mehr zu kaufen. Niemand hätte sich wundern dürfen, wenn sie diesem Druck nachgegeben und sich auf irgendeine Weise von mir oder meinem Projekt distanziert hätten.

Diese Befürchtung hatte ich freilich nie. Das liegt in der Art unserer Zusammenarbeit begründet. Ich arbeite mit allen meinen Sponsoren schon seit vielen Jahren zusammen, und wir haben uns miteinander entwickelt. Die Zusammenarbeit ist maßgeschneidert. Weder meine Sponsoren noch ich haben das Gefühl, dass wir uns gegenseitig auf künstliche Weise etwas Gutes tun müssen. Wir gehen in die gleiche Richtung und wissen, dass beide Seiten davon profitieren.

Klettern ist an und für sich kein teurer Sport. Kletterer mit ihrem Dirtbag-Lifestyle sind in der Regel ziemlich anspruchslos. Aber es ist einfach ausgeschlossen, dass man ohne Geld spektakuläre Expeditionen starten kann. Niemand reist ohne Geld nach Patagonien, um dort Wochen oder womöglich Monate darauf zu warten, dass das Wetter gut wird und die Bedingungen für ein Projekt passen.

Der deutsche Kletterer Reinhard Karl verglich das Warten auf gute Kletterbedingungen in Patagonien damit, dass man »sich genauso gut zu Hause im Kühlschrank verstecken und Hundertmarkscheine verbrennen« könne. Wenn es um die Bereitstellung von Mitteln für Projekte geht, sind die Grenzen zwischen Amateuren und Profis fließend. Ich kenne kaum jemanden, der auf Expedition geht und dabei nicht zumindest Teile seiner Ausrüstung von Firmen bereitgestellt bekommt und sich dafür mit Links auf seiner Website oder einem Aufkleber auf dem Helm bedankt. Aber ist das bereits Sponsoring? Im weitesten Sinn ja, was sonst? Natürlich ist es etwas anderes, ob man ein wenig Material für eine Expedition bekommt oder vom Klettern lebt. Aber die Grenzen dazwischen verschwimmen.

Wer unbedingt will, kann also zwischen sogenannten Puristen und Kletterprofis differenzieren. Mir persönlich sagt diese Unterscheidung nichts. Wir alle tun, was wir tun, weil wir eine Leidenschaft fürs Klettern haben, die unser Leben bestimmt. Am Ende jedes Tages sind wir allein mit dem Berg, mit der Kälte, mit den Herausforderungen, denen wir uns stellen.

Der Unterschied wird sichtbar, sobald wir wieder vom Berg zurück sind. Reinhold Messner hat ganz richtig gesagt, dass Alpinismus schon immer »Storytelling« war. Vielleicht ist der Unterschied zwischen Profis und Puristen nur der, ob sie ihre Geschichten erzählen oder nicht – oder gegebenenfalls, wie.

In meinem Fall würde ich die Sache so betrachten: Meine Partner machen es mir möglich, sehr ehrgeizige Projekte in

Angriff zu nehmen. Sie wissen, dass ich mich nicht für Projekte motivieren kann, deren Erfolg von vornherein kalkulierbar ist. Mich reizen Fragen, deren Antworten ich noch nicht kenne. Mich reizt das Unmögliche. Wenn meine Partner mich dabei unterstützen, bekommen sie die Möglichkeit, meine Abenteuer zu dokumentieren und zu vermarkten.

Dass Red Bull zusammen mit mir auf dem Cerro Torre auftauchte, sorgte sicher für besondere Irritation. Die Firma ist nicht im Klettersport verankert wie Mammut oder Goretex, und dass sie gemeinsam mit einem neunzehnjährigen alpinistischen Newcomer ein teures, aufwendiges Filmprojekt begann, erweckte das Misstrauen vieler Kletterer. Man wusste nicht, ob der sensibelste aller Berge nicht als Kulisse für eine Werbekampagne missbraucht würde.

Wie speziell und auf meine Bedürfnisse zugeschnitten die Partnerschaft mit Red Bull ist, lässt sich vor allem an den persönlichen Beziehungen festmachen. Der für mich zuständige Athletenbetreuer ist Flo Klingler. Wir kennen uns seit sechs, sieben Jahren. Flo ist selbst ein begeisterter Kletterer. Manchmal, wenn er mich zu irgendeinem Kletterweltcup begleitet hat, haben wir nachher noch in den umliegenden Bergen eine Tour gemacht.

Wir sind Kollegen und sogar Freunde geworden. Inzwischen sehen wir uns mehrmals pro Woche und sprechen alles miteinander ab. Flo stand meinem Cerro-Torre-Plan anfangs sehr skeptisch gegenüber, aber als er merkte, dass ich das Projekt so oder so anpacken würde, hat er es in der Firma mit so viel Einfühlungsvermögen und Leidenschaft erklärt, dass der Funke übergesprungen ist und nicht nur von der Abteilung Red Bull Athletes Special Projects Mittel bereitgestellt wurden, sondern dass sich auch das Red Bull Media House zwecks der Dokumentation eingeklinkt hat. Der Rest ist bekannt.

24

Der erste Wettkampf einer neuen Weltcupsaison im Sportklettern findet in der Regel im April statt. Aber während meine Kollegen sich darauf vorbereiten, in Mailand um Punkte zu klettern, studiere ich den Wetterbericht und denke darüber nach, welche Projekte ich in Angriff nehmen soll, bis ich im Winter das nächste Mal nach Patagonien aufbreche.

Es hat für mich etwas Erlösendes, nicht mehr so viel reisen zu müssen, um an den Wettbewerben teilzunehmen. Ich spüre nicht mehr das brennende Verlangen, Wettkämpfe zu klettern, auch wenn mir einige der Leute fehlen werden, mit denen es oft sehr lässig war, irgendwo auf der Welt herumzuhocken und tags darauf in der Halle richtig Gas zu geben.

Ich fühle mich nicht mehr als Sportkletterer. Die beiden Winter in Patagonien haben mir eine andere Prägung verpasst. Das Sportklettern ist auf Ergebnisse ausgerichtet. Wenn ich in einer Weltcupkonkurrenz Zweiter geworden bin, will ich bei der nächsten gewinnen. Wenn ich gewonnen habe, will ich wieder gewinnen. Wenn ich am Fels eine Tour im Schwierigkeitsgrad 9a klettere, ist mein nächstes Ziel automatisch, eine 9a+ zu klettern.

Aber so denke ich nicht mehr. Der Reiz, den das Sport-klettern viele Jahre auf mich ausgeübt hat, ist blasser ge-worden.

Zum Beispiel habe ich das Gefühl, dass ich inzwischen sehr genau weiß, wo meine Grenzen liegen. Wenn ich meh-rere Touren im Grad 8c+/9a im zweiten Versuch klettern kann, kann mir keiner erzählen, dass ich eine 9a nicht schaf-fen werde. Vielleicht nicht im zweiten Versuch, ich werde zehn, zwanzig, vielleicht hundert Versuche brauchen. Aber irgendwann komme ich schon rauf.

Ich bin mir auch ziemlich sicher, dass ich eine Tour im Grad 9a+ hinkriege, wenn ich mich wirklich bemühe. Aber mir ist – und das soll auf keinen Fall arrogant klingen – ein-fach die Zeit zu schade, um mir etwas zu beweisen, wovon ich eh schon überzeugt bin. Bei solchen Kletterherausforde-rungen geht es um winzige Details. Ob man den Fuß schon beim ersten Mal richtig auf einen Tritt setzt, ob die Tempe-ratur am Fels perfekt ist, wenn es lange nicht geregnet hat, ob Verhältnisse, Tagesverfassung und Bewegungsmuster auch hundertprozentig zusammenpassen – man bewegt sich schließlich am absoluten Limit dessen, was zu klettern geht.

Dabei durchströmt dich ein intensives Gefühl, während du dir den ultimativen Fight mit den Schwierigkeiten lie-ferst. Wenn du am Schluss mit den Fingerspitzen oben am Schlussgriff hängen bleibst, ist das ein Flash, eine Eruption.

Aber dieses Gefühl, so intensiv es auch ist, vergeht. Irgend-wann vergisst du es.

Wenn ich hingegen ein Bild vom Cerro Torre anschaue, werde ich immer meine Linie im Kopf haben. Meinen

Biwakplatz, wo es 1200 Meter schnurgerade runterpfeift. Die Bolt-Traverse, wo, dreißig Sekunden nachdem ich weg bin, der Eisblock eingeschlagen hat. Der Gully, in dem mir das Eis den Helm zerschlagen hat. Der Kompressor von Maestri, auf dem ich gestanden bin, als es saukalt war und Peter über mir alles gegeben hat.

Das sind unzählige Dinge, die ich nicht mit einem flüchtigen Gefühl verbinde, sondern mit einem Abenteuer. Für die Grenzgänge in der Halle und in den Klettergärten fehlt mir derzeit der Anreiz. Vielleicht liegt das daran, dass die Schwierigkeit einer Linie beim Sportklettern kein sichtbares Signal aussendet. Es geht nur darum, ob man die Tour schafft oder nicht. Auf dem Berg aber spiegelt eine Tour, die man erstbegeht, nicht weniger als den eigenen Charakter: wie man sich die Tour vorstellt – und wie diese Vorstellung die eigenen Ideale abbildet. Entsprechend wählt man dann den Stil.

Es geht mir nicht mehr allein um die Leistung, sondern ums Erlebnis. Der Cerro Torre ist eine Frage, auf die ich die Antwort noch immer nicht kenne. Die Linie, die ich mir ausgedacht habe, ist auch jetzt, nach zwei Jahren, nicht mehr als eine Idee, ein roter Faden in meinen Gedanken. Erst wenn ich sie geklettert, sie erlebt habe, wird sie real und auch für alle anderen sichtbar. Diese Idee steht dann für immer da, verbunden mit meinem Namen und mit diesem Berg. Es wird keine Möglichkeit mehr geben, diese Idee zu verbessern, deshalb muss die Idee selbst perfekt sein.

Ich beschließe, während der europäischen Sommersaison keine neuen, ultimativen Projekte zu machen, sondern vor allem Wiederholungen interessanter Touren – ein alpinhistorisches Bildungsprogramm, wenn man so will, und außerdem will ich die Frage klären, was heute als schwere Tour gilt. Du kannst nicht sagen, dass du etwas Außergewöhnliches machst, wenn du nicht weißt, was andere für außergewöhnlich halten. Ich kann schließlich nicht die Entwicklung des iPhone 22 in Angriff nehmen, ohne das iPhone 21 in- und auswendig zu kennen.

Anfang April fahren Peter und ich nach Chamonix und klettern den Westgrat auf die Aiguille Verte, durch ein Eiscouloir auf den Petit Capucin und die tausend Meter hohe Droites-Nordwand auf der Messner-Route.

Mit Daniel Steuerer befahre ich auf Skiern den Biancograt in Pontresina, mit meinem früheren Trainer Reini Scherer unternehme ich ein paar Erstbefahrungen in den Tiroler Alpen. Mit Flo Klingler klettere ich die berühmte Tour »Locker vom Hocker« an der Schüsselkarspitze, die 1981 von Wolfgang Güllich und Kurt Albert als eine der ersten alpinen Touren im achten Grad erstbegangen worden ist und die ich schon lange einmal machen wollte – sie lohnt sich wirklich, auch wenn mir ihre Schlüssellänge etwas gesucht vorkommt, weil sie nicht der logischen Linie folgt. Die Tour zeigt mir auf interessante Weise, was man bereits in den achtziger Jahren mit limitiertem Einsatz von Bohrhaken klettern konnte.

Ich fahre nach Céüse, in die Verdon-Schlucht, nach Arco

und mache auch daheim ein paar Erstbegehungen. Immer unterwegs.

Mit Peter fahre ich bald darauf nach Salzburg, wo Alex Huber am Felsriegel oberhalb von Lofer seine Spuren in Form schöner Erstbegehungen hinterlassen hat. Eine davon ist die Route »Sansara«. Sie ist zwar nur neunzig Meter lang, ist aber trotzdem eine der schwersten Routen in der Umgebung. Alex hat nur sieben Bohrhaken als Zwischensicherungen gesetzt. Ich muss mich ziemlich anstrengen, um die Route an einem Tag zu durchsteigen und auf der nahen Alm zu meinem verdienten Bier zu kommen.

Im Tessin wiederhole ich die 9-Seillängen-Route »Super Cirill«, die Ines Papert als »eine der schönsten Routen, die ich jemals geklettert bin«, bezeichnet hat. Zu Recht. Mit Flo Klingler bringe ich ein neun Jahre altes Projekt von mir zu Ende: meine erste Route, die ich damals noch mit der Bohrmaschine von meinem Trainer Reini Scherer am Taufenkopf im Zillertal eingerichtet hatte und die dann durch meine Wettkampftätigkeit in Vergessenheit geraten war.

Dann hat Peter endlich wieder ein paar Tage frei, wir fahren ein weiteres Mal nach Chamonix. Wir absolvieren die Nordwand der Grandes Jorasses, die sich aufgrund der schlechten Verhältnisse als echte alpinistische Herausforderung erweist. Dreizehn Stunden anspruchsvolle Kletterei, bis wir am Gipfel sind. Von dort klettern wir bis in die Nacht hinein zu unserem Biwak am Col des Grandes Jorasses, am nächsten Morgen gehen wir über den Grat weiter bis unter den Dent du Géant, einen 150 Meter hohen, freistehenden Felszacken, den wir auch noch mitnehmen, bis wir uns

Gipfeleispilz

Kompressor

Headwall

Iced Towers

Biwak beim Durchstieg

Bolt-Traverse

Torre Egger

Punta Herron

Cerro Standhardt

Schulter/
Col de la Paciencia

—————— Weg auf die Schulter und Maestri-Route
••••••••••• Freiklettervariante
+++++++++ Bolt-Traverse

Topo des Cerro-Torre-Massivs.

Beim Abseilen nach der geglückten freien Begehung, 2012. Oben im Bild die Headwall, links eine mindestens 20 Meter hohe Fahne aus Rime Ice.

Oben: Nichts für Klaustrophobiker. Peter Ortner im Eisgully, einer besonders ungemütlichen Passage des Aufstiegs.

Links unten: Zustieg bei Nacht in Richtung Cerro Torre.
Rechts: Durch das Labyrinth des Torre-Gletschers beim Zustieg ins Nipo Nino.

Oben: Hayden Kennedy (l.) und Jason Kruk, am Tag nach ihrer Begehung »by fair means«, 2012. Mitte: Dirni und ich bei einem Grillfest der »Locals«.

Links unten: Peter und ich kurz vor dem Aufbruch zur freien Begehung.
Rechts: In einer der ersten Seillängen oberhalb der Schulter, 2011.

West- und Nordwand des Cerro Torre mit, von links, Cerro Standhardt, Punta Herron, Torre Egger.

Im Hintergrund die Fitz-Roy-Kette. Dazwischen das Torre Valley bei Sonnenaufgang. Hinten rechts der Lago Viedma.

Oben: Peter und ich in der Umgehung der Bolt-Traverse beim Freikletterversuch, kurz oberhalb der Schlüsselseillänge, 2012.

Links unten: In der Headwall, 2012. Hier ist vor uns niemand geklettert.
Rechts: Zustieg zur Schulter.

Markus Pucher, einer der zwei Bergführer, beim Vorsteigen auf der Westseite des Torre. Über ihm Formationen aus Rime Ice, 2012.

Patagonien-Urgestein Toni Ponholzer beim Aufstieg zum Gipfel. Schriftzug auf seinem Helm: »Cerro Toni«. Im Hintergrund das Inlandeis.

Selbstporträt von Kameramann Lincoln Else auf Maestris Kompressor.

Peter startet die Party nach unserer freien Begehung bereits am Gipfeleispilz. V.l.: Peter Ortner, Lincoln Else, David Lama, Markus Pucher, Toni Ponholzer.

Cumbre! Cumbre! Zum ersten Mal auf dem Gipfel des Cerro Torre,
10. Februar 2011, gegen 22 Uhr.

Zurück in die Zivilisation.
Über die Tirolese geht es weg vom Torre nach El Chaltén.

schließlich zurück auf den Grat abseilen und ein paar Stunden später in der Bahn nach Chamonix hinunterfahren.

Eine Woche später wiederhole ich Alex Hubers Route »Pan Aroma« an der Westlichen Zinne in den Dolomiten, eine Variante der »Bellavista«, die ich vor einem Jahr als erste Tour gemeinsam mit Peter gemacht habe. Weite Hakenabstände, ausgesetzte Linie, einzigartiges Ambiente. Schönes Erlebnis. Auf der Großen Zinne sichere ich mir eine On-Sight-Begehung der »Camillotto Pellissier«. In Chamonix wiederhole ich mit Flo Klingler die »American Beauty«, eine komplett glatte Wand, die auf über 3000 Meter Höhe aus dem Gletscher ragt und von einem selten schönen Riss durchzogen wird. Dabei sehe ich, dass eine ganze Seillänge der Tour ausgebrochen ist und die Risse deutlich breiter geworden sind als im Originaltopo beschrieben. Der Berg ist eindeutig instabil. Ein bisschen beunruhigend, zumal am Mont Blanc ja nicht erst ein Mal eine ganze Felswand zusammengebrochen ist.

Im September fahre ich noch mit Stef Siegrist und Denis Burdet nach Indien, um im Rahmen des Projekts »150 Peaks« von Mammut den 6200 Meter hohen Cerro Kishtwar im indischen Kaschmir-Himalaya zu besteigen – als zweite Seilschaft, die den Berg überhaupt je bestiegen hat. Wir schaffen dort eine geniale Erstbegehung in einer Höhe, die für mich völlig neu ist – im Alpinstil, ohne Bohrhaken. 6200 Meter, mein bisher höchster Gipfel – auch wenn wir oben nur 6155 Meter messen.

Zu Hause fahre ich mit Peter wieder einmal nach Lofer

und klettere das »Stoamandl«, eine fantastische Huber-Route. Wenig später wiederhole ich auch Alex Hubers »Donnervogel« und seine »Feuertaufe«, die als das absolute Testpiece in Lofer gilt. Kurz vor Wintereinbruch glückt mir im Tessin dann noch die Erstbegehung eines alten Mehrseillängenprojekts von Pesche Wüthrich in Cevio, und nach dem ersten Schneefall packe ich meine Eisgeräte und Steigeisen wieder aus und klettere im Alleingang den Sagzahn-Nordpfeiler in den Zillertaler Alpen.

25

Eines der Highlights dieses Jahres ist für mich die erste freie Wiederholung der »Paciencia« an der Eiger-Nordwand. Es ist August, ich bin sehr viel geklettert. Ich habe das Gefühl, meinen alpinistischen Erfahrungsschatz ausgebaut zu haben. Keine der Touren ist mir schwergefallen, selbst bei den Routen, die als besonders schwer gelten, fühle ich mich nicht annähernd an meine Grenzen getrieben. Bis auf meine Erstbegehung in Cevio klettere ich sie alle am ersten Tag, viele der Schlüsselseillängen meistere ich *on sight* oder im zweiten Versuch.

Vor allem aber merke ich, wie viel Freude mir das Klettern an und für sich macht. Ich bin meistens allein mit meinem jeweiligen Partner unterwegs, keine Medien, keine Dokumentation, nur Klettern, der Berg, mein Partner und ich.

Die »Paciencia« ist eine Route von Stef Siegrist und Ueli

Steck. Die beiden machten 2003 die Erstbegehung, fünf Jahre später kletterten sie ihre Route dann frei. Stef und Ueli, beides enorm starke Bergsteiger, investierten einige Tage in diese erste freie Begehung. Sie probierten zuerst die einzelnen Seillängen, anschließend kletterten sie alle Seillängen in Wechselführung und bewerteten deren schwierigste Länge mit 8a. Schon kurz nach der Befreiung dieser Route sagte mir Stef, dass die Tour bestimmt etwas für mich sei.

Gemessen an ihren Bewertungen, klingt die Route nicht unheimlich schwierig, aber Bewertungen sind so eine Sache. Nach Erstbegehungen gehört es dazu, dass man sich hinsetzt und eine Beschreibung verfasst, in der die Tour genau in ihre einzelnen Seillängen zerlegt wird. Jede Seillänge bekommt je nach Schwierigkeit ihre Bewertung.

Jede Bewertung resultiert aus dem subjektiven Empfinden dessen, der die Tour geklettert hat, und das kann extrem unterschiedlich ausfallen. Es gibt vor allem beim Sportklettern permanent Diskussionen über diese Bewertungen. Auch bei alpinen Touren sind sich verschiedene Kletterer nicht immer ganz einig, was die Schwierigkeiten betrifft. Oft fließen die äußeren Umstände, zum Beispiel die Exposition, die Wetterverhältnisse und Ähnliches, unterbewusst mit ein. Auf diese Weise, wenn zum Klettern noch zusätzliche Schwierigkeiten dazukommen, gibt es gleich einmal ein, zwei Grad mehr in der Bewertung.

Ich finde, dass die Kletterschwierigkeiten strikt und unbeeinflusst von anderen Faktoren beschrieben werden sollen. Aber am Ende bleibt auch das subjektiv und kann von Tag zu Tag variieren.

Bei Projekten wie dem Cerro Torre sind die Prioritäten sowieso andere. Wenn du die Headwall frei kletterst oder an der Bolt-Traverse hoch über den letzten Sicherungen stehst, spielt etwas anderes eine Rolle als die Frage, ob du gerade 8a kletterst oder doch 8b.

Die Empfindung, ins Unbekannte vorzudringen, verändert die eigene Wahrnehmung. Wenn du eine Tour ausprobierst, die vor dir niemand gemacht hat, dann führt dein Weg tatsächlich ins Unbekannte, und du bist mit deinen Fähigkeiten auf dich allein gestellt. Deine Grenzen sind in diesem Augenblick die absoluten Grenzen, und das Einzige, was diese Grenzen überwinden kann, ist deine Vision.

Wenn du eine Tour wiederholst, dann brichst du im Bewusstsein auf, etwas zu probieren, das sich schon als möglich erwiesen hat. Du brauchst keine Vision mehr, sondern nur deine Fähigkeiten und die Geduld, so lange an der Tour zu arbeiten, bis du sie geschafft hast. Du musst die entscheidende Frage nicht mehr beantworten, ob das, was du vorhast, möglich oder unmöglich ist.

Deshalb habe ich auch in diesem Sommer so viele Touren wiederholt. Ich wollte wissen, welche Visionen die Besten in die Tat umgesetzt haben. Und natürlich wollte ich mir selbst beweisen, dass ich diesen Ideen folgen kann.

Wenn ich mir eine Route anschaue, dann achte ich als Erstes darauf, wie lang die Tour ist und welchen Schwierigkeitsgrad ihre schwierigste Seillänge hat.

Das allein sagt aber noch nicht viel. Erst wenn du die Route genauer anschaust, wird dir klar, was eine wirklich schwierige Route ist. Wenn zum Beispiel die Route XY

200 Meter lang ist und mit 8b beschrieben wird, also dem zehnten Grad, kann es durchaus sein, dass eine Stelle der Tour im zehnten Grad ist und der Rest Siebener-Gelände. Das stellt für mich insgesamt keine besonders große Herausforderung dar.

Bei der »Paciencia« ist die schwerste Stelle mit 8a bewertet. Das bedeutet den Buchstaben nach, dass sie unter den zahlreichen schweren Touren, die ich in diesem Sommer schon geklettert bin, eine der leichteren wäre.

Das stimmt allerdings ganz und gar nicht. Erstens ist die Tour sehr lang, etwa 900 Meter. Ihre Schwierigkeit hängt eng mit den Verhältnissen zusammen. Man braucht gutes Wetter und trockenen Fels. Als ich das Topo studiere, sehe ich einige Seillängen im 7b-Bereich, unterer neunter Grad, bei denen ich mir denke: Gar kein Problem. Das kann ich, wenn auch nicht im Schlaf, so jedenfalls sehr sicher *on sight* klettern.

Allerdings erlebe ich dann in der Wand einige Überraschungen, als sich die »Paciencia« als die mit Abstand schwerste Tour dieses Jahres herausstellt.

Am 21. August steigen Peter und ich aus dem Stollenloch, das sich rund 300 Meter über dem Fuß der mächtigen Eiger-Nordwand befindet. Es weht ein leichter kalter Wind, wir ziehen uns schon bald die Goretex-Jacken an. Ungesichert steigen wir über leichte Platten und Bänder zu einem Biwakplatz. Dann queren wir nach links, seilen uns an, ich steige die erste Seillänge vor. Über nasse Platten klettere ich zur ersten wirklich schweren Länge.

Stef und Ueli haben diese Länge nur mit 7b bewertet, also versuche ich sie *on sight*, also gleich im ersten Versuch, zu klettern, doch ich stürze schon nach wenigen Metern. Die Wand ist hier nur senkrecht. Die Griffe und Tritte sind extrem schwer zu sehen. Ich checke die Seillänge noch bis zum Stand aus, dann lässt mich Peter wieder zu sich ab, und ich versuche mein Glück erneut.

Dieses Mal steige ich die Länge durch, aber mit 7b hat das ganz sicher nichts zu tun. Über eine 7c+, die ich auch erst im zweiten Anlauf schaffe, und eine 7a, die mir auf Anhieb gelingt, gelangen Peter und ich auf ein Band, auf dem wir eine kurze Pause einlegen. Die nächste Seillänge ist mit 8a die Schlüssellänge, doch sie fällt mir nicht besonders schwer, und ich klettere sie im zweiten Versuch. Die restlichen 200 Meter bis zu unserem Biwak am Fuß des Tschechenpfeilers sind nie schwerer als 7a. Bereits um 16 Uhr kommen wir dort an.

Auf der Felsbank wartet eine blaue, wasserfeste Tonne auf uns, die mit einem Seil hintersichert ist. Sie soll zwei Schlafsäcke enthalten, hat mir Stef Siegrist am Telefon gesagt, mit dem ich vor dem Aufbruch telefoniert habe. Er und Ueli Steck haben das Material hier deponiert, als sie selbst die Route kletterten. Das kam uns natürlich gelegen, denn wir mussten selbst keine Schlafsäcke mitnehmen, das spart bekanntlich eine Menge Gewicht.

Als wir die Tonne öffnen, erwartet uns allerdings eine üble Überraschung. Die Tonne ist offensichtlich doch nicht ganz wasserfest gewesen, und die Schlafsäcke, auf deren Wärme wir uns schon gefreut haben, sind feucht und über und über mit Schimmel und Moder bedeckt. Allein der Geruch, der aus der Tonne aufsteigt, ist intensiv und grausig.

Wir versuchen, die Stunden bis zum Einbruch der Dunkelheit zu nützen, um die Schlafsäcke an der frischen Luft zu trocknen und zu lüften. Aber das Unterfangen erweist sich als aussichtslos. Als mit der Dunkelheit auch die Kälte kommt, müssen wir in die stinkenden, feuchten Schlafsäcke hineinschlüpfen, die Reißverschlüsse unserer Jacken oben zugezogen, damit wir keinen Hautkontakt zu dem grauslichen Schlafsack haben.

Mir ist saukalt in der Nacht. Ich stopfe eine der beiden Daunenjacken, die sich neben den Schlafsäcken in der Tonne befunden hat, in meinen Schlafsack, aber auch das macht die Sache kaum besser.

Ich schlafe nicht viel in dieser Nacht und bin froh, als sich das erste Tageslicht ankündigt. Mir ist kalt, und ich bin müde, aber Peter geht es noch viel schlechter. Er hat eine Infektion im Rachen, sein Gaumen ist total angeschwollen, vermutlich eine Folge des Kontakts mit den Schimmelsporen. Er kann fast nichts mehr essen oder trinken.

Wir denken beide darüber nach, ob wir abseilen sollen, aber keiner von uns wagt es, das auszusprechen. Verhältnisse wie jetzt hat man nicht oft am Eiger, das Wetter passt, der Fels ist trocken, und wir haben bereits den schwersten Teil der Route hinter uns. Wir wissen, dass wir auch den Rest der Route schaffen können, also schieben wir unsere Wehwehchen zur Seite und klettern weiter.

Die erste Länge nach dem Biwak ist eine 7c+. Die zweite ist nur eine 7b+, aber sie fällt mir um einiges schwerer. Bei meinem ersten Versuch habe ich keine Chance. Beim zweiten bricht mir am Ende der Seillänge ein Griff aus. Erst beim dritten Anlauf steige ich sie endlich durch. Die restlichen elf Seillängen sind zwar immer noch schwer, aber ich rette mich von Stand zu Stand, so dass Peter und mir die erste freie Wiederholung der Route gelingt.

Die »Paciencia« ist die mit Abstand anspruchsvollste Felsroute, die ich heuer in den Alpen geklettert bin. Ihre schwerste Seillänge ist zwar »nur« 8a, aber die unzähligen 7b- und 7c-Passagen – die mir oft schwerer fielen als die 8a-Seillänge – haben es wirklich in sich.

Ich merke einmal mehr, dass es einen riesigen Unterschied macht, ob man eine Tour nach dem ersten Mal bewertet, oder nachdem man sie hundertmal geklettert hat. Gerade am Eiger ist der Fels extrem unübersichtlich. Von unten schaut die Wand total glatt aus. Erst wenn man von oben hinunterschaut, sieht man die Strukturen und Leisten, weil alle nach hinten versteckt sind. Es ist daher extrem schwierig, die einzelnen Seillängen *on sight* zu klettern.

Ich erfahre auf der Tour etwas Unerwartetes: dass es mich schon aus 7b-Seillängen raushaut, und das nicht nur einmal. Es gelingt mir bei einer einzigen 7b+-Seillänge, sie *on sight* zu durchsteigen, und ich gebe gern zu, dass es die schwierigste On-Sight-Länge meines Lebens war. Viele andere Längen muss ich zweimal klettern, so dass ich insgesamt 400 Meter schwierigsten Geländes zweimal erledigen muss. Das alles im gewaltigen Ambiente des Eigers.

Manchmal denke ich, das gibt es nicht: 7b-Längen in Lofer bin ich hinaufspaziert. Dort habe ich es sogar geschafft, 8b-

Längen *on sight* zu klettern. Aber am Eiger waren eben zwei sehr starke Kletterer unterwegs. Sie haben jede Seillänge mehrere Tage lang probiert, bis sie jeden Griff kannten, während Peter und ich die Route in nur zwei Tagen durchstiegen haben. Stef und Ueli haben sicher auch extrem strikt bewertet und dabei eher Understatement walten lassen, als dass sie irgendwo übertrieben hätten.

Den Eiger auf der »Paciencia« bestiegen zu haben ist ein fantastisches Erlebnis, sowohl für Peter als auch für mich. Ich wollte hier immer schon klettern. Eigentlich hätte ich für den Anfang am liebsten die klassische Heckmair-Route gemacht, die Erstbegehungsroute. Aber das hat sich bis jetzt nicht ergeben. Diese Tour ist fast nur noch im Winter oder im Frühling zu gehen, weil die Eisfelder von damals weggeschmolzen oder zusammengeschrumpft sind. Inzwischen sind darunter Geröllfelder zum Vorschein gekommen, und der permanente Steinschlag auf der Tour ist im Sommer einfach zu gefährlich.

Aber die »Paciencia« passt noch besser in das Muster der Touren, die ich in diesem Sommer absolviere. Jede dieser Touren erweitert meinen alpinistischen Horizont, und jede dieser Touren habe ich unter dem Aspekt ausgesucht, dass sie mir für meinen dritten Versuch am Cerro Torre weiterhilft. Mit den Erfahrungen, die ich gemacht habe; mit dem Selbstvertrauen, das ich auf diese Weise sammle; mit den Geschichten, die ich rund um die Erstbegehungen dieser Routen in Erfahrung bringe und die zum Teil ganz schön wild sind: Ich versichere mich auf diese Weise einmal mehr der Tatsache, dass auch mein Projekt am Cerro Torre eine Menge Überwindung braucht, bis man dann vielleicht endlich am Ziel ist.

26

Als ich den Cerro Torre zum ersten Mal betrachtet habe, damals in Chile, als mir Hansjörg Auer die Zeitschrift mit den eindrucksvollen Bildern aus Patagonien gereicht hat, gingen mir ein paar Dinge durch den Kopf.

Zuallererst, wie schön dieser Berg ist.

Dann, wie lässig es wäre, auf diesem Berg zu klettern.

Und dann, ob es wohl möglich wäre, dort oben frei zu klettern.

Mein Gefühl sagte mir damals: Dieses Projekt ist wahrscheinlich eine Nummer zu groß für dich. Was ich nicht wusste, war, dass es mindestens zwei Nummern zu groß für mich war.

Der Einzige, der mir das mehr oder weniger unverblümt ins Gesicht gesagt hat, war Reinhold Messner. Ich habe damals nichts erwidert, als er meinte, ich müsse vielleicht zwei-, drei- oder viermal nach Patagonien fahren, um das Projekt zu schaffen, und selbst dann sei nicht sicher, dass ich es schaffe.

Aber ich dachte mir: Warte nur, bis ich wieder zurück bin und es geschafft habe.

Das Problem an der Umsetzung des Projekts war zuallererst die große Lücke, die zwischen meiner Vorstellung und der Realität klaffte – und die am Ende auch dafür verantwortlich war, dass ich so in die Kritik geriet.

Bevor ich das erste Mal da gewesen war, stellte ich mir die Herausforderungen am Cerro Torre nicht so groß vor. Ich dachte, dass bei vernünftigen Wetterverhältnissen keine großartigen alpinistischen Leistungen von mir verlangt werden, sondern dass die Herausforderung dann hauptsächlich noch darin besteht, die Headwall frei zu klettern. Das schien mir der Kern der Sache zu sein: die Headwall. Alles andere, dachte ich, ist zu bewältigen. Die zusätzlichen Schwierigkeiten, die der Berg uns abverlangen könnte, unterschätzte ich oder kalkulierte ich gar nicht ein.

Auf der anderen Seite war es vielleicht aber auch gut, dass ich das Projekt formulierte, bevor ich da gewesen war. So hatte ich keine Gelegenheit, mich einschüchtern zu lassen.

Als ich die erste Saison in Patagonien verbrachte, habe ich bergsteigerisch nicht unbedingt etwas dazugelernt – aus dem simplen Grund, weil ich gar nicht viel zum Bergsteigen kam. Aber ich bekam die Gelegenheit, etwas zu begreifen: Dass dieser Berg sich allen Vergleichsmöglichkeiten, über die ich bis dahin verfügte, entzieht. Dass man eine andere Form von Respekt, aber auch von alpinistischer Fitness braucht, um dem Cerro Torre gerecht werden zu können.

Diese Erfahrungen haben wir – zusammen mit der Lektion in Kletterethik, die wir lernen mussten – beim zweiten Mal angewendet. Die Grundidee, dass wir nicht nur klettern, wenn der Cerro Torre geht, erwies sich als grundrichtig. Sie befreite uns vom Druck des ewigen Wartens. Das Ausprobieren anderer, nicht ganz so schwerer Routen, das Klettern auf verschiedene andere Gipfel stimmte uns auf die Verhältnisse am Cerro Torre ein, ohne dass wir das im Detail so geplant hätten. Wir blieben im Rhythmus und sammelten relevante Erfahrungen.

Dass diese Strategie so gut funktionierte, hat viel mit Peter zu tun. Er ist ein Vollblutbergsteiger, der es nicht aushält, zu Hause zu sitzen, wenn bei machbaren Verhältnissen ein paar der schönsten Gipfel des Universums in Reichweite sind. Zwar kann man mit ihm auch ganz gut an der Bar sitzen und die Sau rauslassen, aber die Gefahr, in eine Form von benebelter Lässigkeit hineinzurutschen, wie das in der ersten Saison passierte, als ich mit Daniel das laisser-faire-artige südamerikanische Lebensgefühl inhalierte, besteht mit Peter einfach nicht.

Der Cerro Torre ist ein Wunder. Das denke ich mir immer wieder, wenn ich mir die Bilder anschaue. Ein genialer Gipfel. Unfassbar schön.

Aber erst jetzt, nach zwei Saisonen in Patagonien, weiß ich, dass ich mit meinem Projekt tatsächlich einen Aufbruch ins Unmögliche gewagt habe. Das Unmögliche – ich habe immer wieder Aufgaben gelöst, die auf den ersten Blick unmöglich schienen. Unmöglichkeit ist etwas Relatives. Es gilt für eine bestimmte Zeit an einem bestimmten Ort. Ob der Cerro Torre sich frei klettern lässt, weiß ich noch immer nicht. Ich weiß bloß, dass ich bereits über mich hinauswachsen musste, um die schiere Möglichkeit zu erkunden.

Der Weg, den ich bisher zurückgelegt habe, ist ein Teil dieser Erkundung. Zwei Winter in Patagonien. Zwei Kontroversen über die ethische Grundierung meines Projekts. Viele Gespräche, Emotionen, Enttäuschungen. Lektionen, die ich lernen musste. Der Wechsel meines Partners. Neue Freundschaft. Neue, präzisere Träume. Mehr Wissen. Mehr Verantwortung. Mehr Respekt.

Längst bin ich ein anderer als der, der vor zwei Wintern unbedarft und frech in El Chaltén angekommen ist. Wenn ich mir vorstelle, wie mich die Kritik an mir und dem Filmteam aus der Fassung gebracht hat, als ich sie zum ersten Mal las, bin ich jetzt fast erstaunt. Das Projekt hat mich geformt, hat mir seine ethischen Grundlagen vermittelt – die Leistung bestand darin, mich formen zu lassen und diese Grundlagen zu verstehen und zu akzeptieren.

Alpinismus ist kein Sport, sondern die Haltung, die man gegenüber einem Berg einnimmt. Es geht nicht darum, irgendwie auf den Gipfel zu kommen, sondern darum, im besten Stil zu klettern und seinen eigenen Idealen treu zu bleiben. Alpinismus ist damit aber automatisch auch eine Haltung gegenüber sich selbst und die Erkenntnis, dass man, wenn sich die eigenen Ideale nicht verwirklichen lassen, auf ein zählbares Ergebnis verzichten muss.

Es kann zum Beispiel ohne weiteres sein, dass meine freie Begehung des Cerro Torre daran scheitert, dass ein einziger Meter im Granit einfach nicht ohne technische Hilfe zu klettern geht. Das würde bedeuten, dass ich mein Projekt nicht beenden kann. Ich muss, auch wenn mir das schwerfallen sollte, auf den Klettererfolg verzichten. Griffe zu manipulieren oder andere unsaubere Umwege zu gehen, ist keine Option. Ich würde mich selbst betrügen, mir selbst meinen Traum rauben – den Traum, den Torre in einem makellosen Stil zu besteigen.

Der Stil, den ein Alpinist klettert, ist ein Ausdruck seiner Ideale und Vorstellungen. Ich habe durch die Kontroversen am Cerro Torre gelernt, klarer zu denken und diesen Idealen zu folgen, auch wenn das nicht der einfachste Weg war. Ich habe gelernt, meinen eigenen Überlegungen zu trauen und sie zu formulieren. Mir ist klar geworden, dass ich nicht nur talentiert bin, sondern angesichts meiner Berufung als Alpinist auch eine Verantwortung für mein Handeln habe. Die eigene Linie: Sie führt nicht nur auf den Berg hinauf. Sie führt geradewegs zu dir selbst.

Dafür habe ich hart und entschlossen gearbeitet, Rückschläge eingesteckt, mein Können und Denken, mich selbst in Frage gestellt. Ich bin bereit, diese Arbeit noch intensiver und noch entschlossener fortzusetzen.

Mein Versuch, den Cerro Torre frei zu klettern, hat nicht aufgehört, als ich im Februar 2011 wieder in Innsbruck angekommen bin. Jede Wand, jeder Gipfel, den ich seither gemacht habe, ist Teil dieses Projekts, ein kleines Steinchen im großen Bild, das ich in diesem Winter fertigstellen möchte.

27

Ende Oktober 2011 findet in Brixen der International Mountain Summit zum Thema »Showalpinismus« statt. Die Veranstaltung, die als Bergfestival der Elite gilt, hat jeweils ein Hauptthema, das in Workshops und Diskussionsveranstaltungen behandelt wird. Ich bin zu einer Gesprächsrunde eingeladen, in der die Frage »Wie viel Leistung steckt hinter der Berg-Show?« erörtert werden soll. Als mir die Einladung in den Briefkasten flattert, weiß ich zwei Dinge sofort. Erstens: Das wird hart. Zweitens: Da muss ich hingehen. Auf dem Podium sitzen neben mir, unter anderem, Reinhold Messner, Bergführer Hanspeter Eisendle, Sportkletterer Adam Ondra, Bernd Kullmann, Chef des Rucksackherstellers Deuter, und Alessandro Filippini, Chefredakteur der »Gazzetta dello Sport«. Im Publikum zahlreiche Journalisten. Der Saal ist bummvoll, die Stimmung aufgeladen.

Es geht darum, wie sich die Berichterstattung der Medien und die Dokumentation spezieller Projekte auf die alpinistischen Leistungen selbst auswirken. Zur Sprache kommt etwa das vorgetäuschte Gipfelfoto von Christian Stangl auf dem K2, das als Beweis dafür herhalten soll, dass der Druck von Medien und Sponsoren so groß geworden ist, dass selbst im Bergsteigen, wo das Wort des Alpinisten traditionell höchstes Gewicht hat, getäuscht und gelogen wird.

Zuerst einmal ärgere ich mich massiv darüber, dass meine Expedition auf den Cerro Torre in einem Atemzug mit

Stangl genannt wird. Wir haben Fehler gemacht, aber wir haben uns nicht den Hauch einer Unredlichkeit zuschulden kommen lassen.

Gleichzeitig wird mir einmal mehr klar, dass kaum jemand über unser Projekt wirklich Bescheid weiß, auch jetzt nicht, knapp vor meinem dritten Versuch. Noch immer kursiert unterschwellig das Gerücht, der Film sei ein Werbeclip für Red Bull.

Reinhold Messner sagt zwar, dass er mit dem Dokumentieren alpinistischer Projekte grundsätzlich kein Problem habe, insinuiert aber, dass wir vorhaben, mit hohem technischem Aufwand eine Geschichte zu erzählen, die so nicht stattgefunden hat: die Geschichte meiner Freikletterversuche, die durch die Anwesenheit des im Film unsichtbaren Filmteams jedoch entscheidend verfälscht werde. »Realitätsfremd« nennt das Hanspeter Eisendle, und Messner legt nach, dass ein Abenteuer, das durch die Anwesenheit von Kameraleuten und einem Hubschrauber emotional verändert werde, kein Abenteuer mehr sei.

Ich halte dagegen. Erzähle die Geschichte des Projekts und die Geschichte des Films. Ich gebe durchaus zu, dass die Anwesenheit des Filmteams mein Abenteuer verändere, dass dieses meine Kletterleistung deshalb jedoch nicht im mindesten entwerte. Mich stört, sage ich, dass der Begriff Showalpinismus nie exakt definiert wird. Ist es schon Showalpinismus, über eine Klettererfahrung in Wort und Bild zu berichten – dann wäre Reinhold Messner der Vater aller Showalpinisten. Oder sagt nur die Qualität der Erzählung etwas über die Show aus? Sind brillante Bilder automatisch verdächtig und schlechte Bilder plausibel? Muss für eine neue Authentizität die Simulation alpinistischer Leistungen herhalten? Der Fotograf Röbi Bösch hat zum Beispiel die Speedbegehung Ueli Stecks am Eiger nicht live fotografiert. Aus ethischen Gründen wurde kein Fotograf in der Wand postiert. Weil Medien und Sponsoren die Leistung Uelis aber mit professionellem Bildmaterial dokumentieren wollten, wurde das gelungene Projekt ein zweites Mal für die Medien inszeniert – wie zum Beispiel auch die grandiose Solobegehung des »Fisch«, die Hansjörg Auer unternommen hat. Diese Inszenierung, sagt Bösch, sei authentischer als die unmittelbare Dokumentation, weil sie die alpinistische Leistung nicht beeinflusst habe. Das hat etwas für sich, ist aber schon ziemlich um die Ecke gedacht: Die Show soll wahrhaftiger sein als die alpinistische Leistung selbst?

Mir scheint die Anwesenheit eines Kamerateams, das mich gemäß strengsten ethischen Grundsätzen am Cerro Torre begleitet, die tauglichste Voraussetzung für eine ehrliche Dokumentation zu sein. Die Anwesenheit des Teams wird im Film nicht verschleiert – genauso wenig wie in diesem Buch. Das Erlebnis ist ein gemeinsames Erlebnis aller Teilnehmer, das Abenteuer ein gemeinsames Abenteuer. Dafür habe ich mich bei diesem außergewöhnlichen Projekt entschieden, aber das ist kein Präzedenzfall für Projekte in der Zukunft. Ich werde mit Sicherheit lange nicht mehr mit einem vergleichbaren Produktions-Set-up unterwegs sein. Meine künftigen Abenteuer werde ich anders dokumentieren.

Aber die Bilder vom Cerro Torre werden unser Abenteuer nachvollziehbar machen. Das war von Anfang an unsere Intention. Die Show, wenn man so will – alles, was man sehen kann, ohne selbst auf dem Berg gewesen zu sein –, ist die logische Folge des Wunsches, eine Geschichte zu erzählen.

Hanspeter Eisendle sagt, dass ein »inszeniertes Bild« niemals vermitteln kann, was wirklich geschehen ist. Kann sein, aber ich bin froh über jedes Bild, das ich von meinen Klettertouren mit nach Hause bringe. Diese Bilder speichern, was ich erlebt habe, genauer als jedes innere Gefühl. Selbst wenn ich allein klettere, fotografiere ich, um mich an meine Touren zu erinnern. Bilder sind die Währung meiner Erinnerung. Die Bilder vom Cerro Torre werden mir mein ganzes Leben lang dabei helfen, jede Facette dieser grandiosen Reise im Gedächtnis zu behalten.

**Die dritte Saison in Patagonien,
Januar 2012**

»Manchmal macht ein einziger
Meter in der Wand, der sich
nicht klettern lässt, eine ganze
Tour unmöglich.«

28

Während wir uns auf die Abreise nach El Chaltén vorbereiten, sortiere ich die Ausgangslage. Wir sind so gut vorbereitet wie nie zuvor. Die Tatsache, dass wir es in der Saison 2011 auf den Gipfel geschafft haben, hat uns extrem motiviert, weil dadurch ein wesentlicher Unsicherheitsfaktor wegfällt. Wir haben den Eindruck, dass unser Projekt funktionieren wird, haben den Berg nicht nur in der Theorie studiert, sondern erstmals auch in der Praxis.

Außerdem haben wir gelernt, das Wetter abzuchecken und selbstständig zu interpretieren. Als ich das erste Mal in Patagonien war, konnte ich aus den verfügbaren Informationen noch keine Einschätzung der Wetterlage gewinnen, sondern musste wegen jedem Schmarren in Innsbruck bei Charly Gabl anrufen. 2011 haben Peter und ich aber mit Akribie die Meteogramme und Wetterkarten aus dem Internet heruntergeholt und begonnen, die kleinen Balken, die man darauf sieht, zu deuten. Wir gleichen die angegebene Windstärke und die Niederschlagswahrscheinlichkeit mit den Bedingungen ab, die tatsächlich auf dem Torre herrschen, und haben Charly dadurch etwas Entscheidendes voraus: die spezifische Erfahrung, die ich mir in zwei patagonischen Sommern angeeignet habe.

Wir beginnen schon lange vor unserer Abreise, die Wetterbedingungen in Patagonien zu studieren. Anfangs nur alle zwei, drei Wochen, aber je näher unsere Abreise rückt, desto öfter laden wir die Meteogramme herunter und desto genauer studieren wir sie. Was wir sehen, ist sehr motivierend. Die Daten zeigen uns, dass in Patagonien eine Saison begonnen hat, wie wir sie noch nie erlebt haben.

Es ist warm. Wenig Niederschläge. Zwar weht permanent ein ziemlich heftiger Wind, aber wir sehen, dass die Grenze, wo Tiefdruck und Hochdruck aufeinandertreffen, wesentlich weiter südlich liegt als in den vergangenen Jahren. Das bedeutet, dass auch die Zonen, wo der Wind am stärksten bläst, nicht unbedingt in unserem Klettergebiet zu erwarten sind.

Jedes Mal, wenn wir neue Wetterdaten aus Patagonien sortieren, flutet uns Vorfreude. Am Telefon versichern Peter und ich einander: »Das wird unsere Saison.« Aus der langen Reihe an Vorbereitungsprojekten schält sich so etwas wie eine Gewissheit heraus: Wir fahren heuer tatsächlich da hinunter, um das Ding zu Ende zu bringen.

Nachdem wir am 12. Januar 2012 in El Calafate gelandet sind, sehen wir bereits auf der dreistündigen Fahrt nach El Chaltén den Cerro Torre. Das ist eine Premiere. Bis dahin haben wir bei unserer Ankunft immer nur Nebel und Wolken gesehen.

»Gutes oder schlechtes Zeichen?«, fragt Peter, um mir die einzig richtige Antwort aufzulegen.

»Gutes Zeichen natürlich, du Depp.«

In El Chaltén ist es heiß. Normalerweise geht hier der

Wind so stark, dass es Menschen, die nicht darauf vorbereitet sind, ziemlich aus der Balance bringen kann. Diesmal hält sich der Wind zurück, er ist fast zärtlich, wenn er uns in der Hitze Kühlung zufächelt.

Wir beziehen unser Quartier im Container, treffen die nötigen Vorbereitungen, laufen in kurzen Hosen, barfuß und mit nacktem Oberkörper herum. Weil uns auf der Terrasse vor dem Container zu heiß wird, konstruieren wir aus einem Leintuch ein Segel, das uns vor der Sonne schützt.

Vor der Sonne! Wir sind in El Chaltén. Wenn es eine Klimaerwärmung gibt, dann heute und hier. Es ist heiß, fast windstill, keine Wolken in Sicht. Lediglich die aufflackernde Luft stört meine Sicht auf die Wasserstreifen, die sich an der Gipfelwand des Cerro Torre gebildet haben. Noch nie habe ich die Headwall in so guten Verhältnissen gesehen.

Das Dorf wird von Jahr zu Jahr geschäftiger. Bei der ersten Rückkehr 2011 hat mich das ein bisschen melancholisch gestimmt. Diesmal ist es mir egal. Ich will jetzt endlich die Südostkante frei klettern, und zwar bei nächster Gelegenheit. Wenn das gelungen ist, habe ich Zeit, über El Chaltén nachzudenken. Schon am Tag nach unserer Ankunft tragen wir unser Zeug ins Nipo Nino, stellen unser Zelt auf und deponieren Vorräte und Kletterzeug. Damit sind die Voraussetzungen geschaffen, dass wir loslegen können, sobald die Verhältnisse am Cerro Torre es erlauben. Wir gehen zurück nach El Chaltén, um auf das Zeichen zum Aufbruch zu warten.

Ich telefoniere mit Charly in Innsbruck. Charly meint, der 16. Januar könnte ein super Gipfeltag sein. Alles dreht sich nur noch ums Wetter. Wir hocken vor unserem Container, versuchen aus den Balken auf dem Meteogramm noch ein bisschen mehr Information herauszukitzeln und schauen mit dem Fernglas, was sich oben am Torre tut. Wie viel Eis hängt in der Headwall? Wann bilden sich die ersten Wasserstreifen? Wie stark bläst der Wind?

Auf unseren Wetterkarten sehen wir, dass nicht ein Wetterfenster im Anzug ist, sondern auch noch ein zweites. Das erste ist das, welches Charly gemeint hat. Kein Niederschlag, etwas Wind und sehr warm.

Unmittelbar darauf sehen wir auf den Karten aber ein zweites, noch größeres Wetterfenster. Korrespondierend mit den Angaben zu Niederschlag, Wind und Temperatur – kein Niederschlag, sehr wenig Wind und nicht mehr ganz so warm –, stechen uns vor allem die Angaben zum Luftdruck ins Auge. Der Luftdruck steigt massiv. Damit ist auch die Wahrscheinlichkeit, dass sich das Wetterfenster in Luft auflöst, äußerst gering.

Wir stehen also vor der Wahl, ob wir das erste oder das zweite Wetterfenster nützen wollen. Wir entscheiden uns für das zweite. Diese Entscheidung scheint uns so logisch und unanfechtbar zu sein, dass wir sie nicht einmal mehr durch ein Telefonat mit Charly absichern. Das erste Wetterfenster, denken wir, wird durch Sonne und Wärme bereits das Eis aus dem Fels entfernen. Die beiden Schlechtwettertage, die darauf folgen, bringen kaum Niederschlag, so dass sich nicht viel Eis aufbauen kann. Und dann, so der Plan, sind wir auch schon unterwegs.

Unsere Marschroute lautet also: am 19. Januar ins Nipo

Nino, am 20. Januar klettern, am 21. Januar auf den Gipfel.

Das ist jedenfalls die Theorie.

Die amerikanisch-kanadische Seilschaft Hayden Kennedy und Jason Kruk wählt das erste Wetterfenster. Die beiden klettern am 16. Januar in dreizehn Stunden die Kompressorroute *by fair means* – das heißt, sie verzichten darauf, »die berüchtigten Bohrhaken Maestris« zu verwenden, wie Hayden sie nennt, und arbeiten sich stattdessen an natürlichen Vorsprüngen mit einem Minimum an Technik in die Höhe. Die beiden schaffen es auf diese Weise auf den Gipfel, eine respektable Leistung.

Dort treffen sie allerdings eine Entscheidung, über die weit mehr diskutiert werden wird als über ihre Kletterleistung. Die folgende Live-Einschaltung stammt aus Hayden Kennedys Artikel über sein Gipfelerlebnis, der einige Monate später in der Sommerausgabe des »Alpinist« erscheint:

Jason sagt: »*Verdammt, war das ein Ding.*« *Wir ziehen unsere Steigeisen aus und stapfen auf den Gipfel des Cerro Torre. Unser Traum ist wahr geworden, und das ist fast zu viel für uns.*

Wir klettern hinunter zum Einstieg [in die Headwall] und verbringen noch einen Moment in Stille.

Die beiden zerbrechen sich an dieser schönen, exponierten Stelle den Kopf darüber, was mit den Bohrhaken passieren soll. Sie haben während ihres Aufstiegs nur zwei von Maestris Haken herausgeschlagen und sich nicht um die »restlichen 400« gekümmert. Jason sinniert über die Frage,

185

ob es richtig ist, die Bohrhakenleiter zu entfernen, »die den Cerro Torre so lange mit Kontroversen überschattet hat, dass viele Menschen ganz auf die Schönheit des Berges vergessen haben«. Sie überlegen, was geschieht, wenn sie jetzt handeln und die umstrittenen Haken aus der Headwall schlagen, die Gelegenheit ist schließlich günstig:

Jason und ich wussten, dass die Klettergemeinde niemals einen Konsens in dieser Sache finden würde.

»Sie werden uns dafür hassen«, sagt Jason. »Ist dir das klar?«

»Stimmt. Wir werden für alle Zukunft die Typen sein, die auf dem Cerro Torre die Haken abgeschlagen haben«, sage ich, während ich über die Headwall hinunterschaue.

Ich denke über die Wildheit der anderen Gipfel nach, die wir in dieser Saison geklettert sind, und die Linie der Haken unter uns sieht aus wie eine lange Kette. Die Obsession, Erfolge erzielen zu müssen, kann unser Bewusstsein allzu leicht gefangen nehmen. Alpinismus ist die Kunst der Freiheit, denke ich. Inklusive der Freiheit zu scheitern.

Sie schlagen mit ihren Eisinstrumenten 120 Haken aus der Wand, »um den Cerro Torre in einen natürlicheren Zustand zu versetzen«. Sie fragen niemanden um Erlaubnis, ermächtigen sich also selbst zu dieser folgenschweren Handlung, freilich nicht ohne die Tragweite der Entscheidung zu kennen und sich gleichzeitig zu legitimieren:

Wer besitzt überhaupt die Autorität über diese Fragen? Cesare Maestri, weil er die Route 1970 eingerichtet hat, ohne den Gipfel zu erreichen? Reinhold Messner, weil er der Godfa-ther des alpinen Kletterns ist? Rolando Garibotti, weil er hier mehr geklettert ist als die meisten anderen? Die argentinischen Locals, weil sie in der Umgebung wohnen?

Dann platziert Hayden noch einen beziehungsreichen letzten Satz: *Oder bist es du?*

Damit will er natürlich auch die Möglichkeit inkludieren, dass er es ist...

29

Es ist der 18. Januar 2012, als uns Dirni die Nachricht überbringt, dass Maestris Haken aus der Headwall geschlagen sind. Es wäre eine gute Gelegenheit, um aus der Haut zu fahren, wenn ich nicht zu diesem Zeitpunkt schon von einer tiefen Ruhe beseelt wäre, von der Gewissheit, dass Peter und ich das trotz der Widrigkeiten, die auf uns warten, hinbekommen. Und dass es auf ein paar Widrigkeiten mehr oder weniger jetzt auch nicht mehr ankommt.

Trotzdem verändert die neue Situation die Gesamtlage. Der Plan des Filmteams ist durch die Aufräumarbeiten von Jason und Hayden über den Haufen geschmissen. Dieser Plan bestand darin, dass das Filmteam einen Tag vor uns über die Bohrhakenleiter Maestris durch die Headwall klettert und uns am nächsten Tag in der Headwall filmt. Das geht jetzt nicht mehr. Was tun?

Markus, unser Lead Guide, befindet sich bereits im Nipo Nino. Dort hat er auch die Nachricht aufgeschnappt, dass die Haken draußen sind. Markus verständigte per Satellitentelefon Dirni, der wiederum uns verständigte.

Es gibt jetzt zwei Möglichkeiten: Die eine ist riskant. Entweder begleiten Markus Pucher und Toni Ponholzer, unser zweiter Bergführer, den Kameramann in die Headwall, und zwar so weit, wie sie kommen; dann filmen sie unseren Aufstieg von unten. Könnte allerdings sein, dass sie nicht so weit kommen, wie wir das gerne hätten, dann sind auch die Bilder aus der entscheidenden Phase des Projekts eher ungefähr, und auf den Gipfel werden sie mit Sicherheit nicht kommen.

Oder wir probieren etwas anderes, allerdings noch Riskanteres: Das Team versucht über die Rückseite auf den Gipfel zu gelangen. Die Rückseite ist völlig vereist. Wer sie besteigen möchte, muss ein sehr guter Eiskletterer sein. Das trifft auf Markus allerdings voll und ganz zu, deshalb reizt ihn diese Möglichkeit auch ganz offensichtlich. Er ist enorm motiviert, die Crew über die Rückseite auf den Gipfel zu bringen. Das Risiko dieser Variante liegt auf der Hand. Wenn die Kollegen es nicht auf den Gipfel schaffen, dann gibt es gar keine Bilder.

Aber Markus beruhigt alle. Kriegen wir hin, sagt er. Wir kommen alle rauf.

Ich glaube, dass da auch eine alte Rechnung mitspielt, die Markus mit der Westseite des Torre noch offen hat. Er hat sie mit Toni Ponholzer, der jetzt unser zweiter Bergführer ist, schon einmal versucht, musste aber kurz unterhalb des Gipfels umkehren, weil schlechtes Wetter aufzog. Auf dem Rückweg über das Inlandeis verpassten die beiden dann den richtigen Pass, um nach El Chaltén zurückzukommen, und mussten den nächsten nehmen, so dass sie am Ende vierzig Stunden ohne größere Pausen durchmarschierten. Ohne Essen und Trinken. Ein ganz nettes Abenteuer.

Während wir noch die beiden Möglichkeiten durchspielen, merke ich, wie aufgekratzt und motiviert die ganze Crew ist. Die Tatsache, dass der ursprüngliche Plan nicht mehr funktioniert, sorgt dafür, dass alle noch enger zusammenrücken und vielleicht noch um eine Spur mehr wollen, dass es jetzt hinhaut.

Im Gegensatz zur ersten Expedition empfinde ich das Filmteam jetzt längst als Teil meines eigenen Projekts. Wir sind zusammengewachsen und teilen den Traum, etwas Außergewöhnliches vom Cerro Torre mit nach unten zu bringen.

Wir brauchen nicht lange, um die Entscheidung zu treffen, dass wir die Crew mit Markus über die Hinterseite auf den Gipfel schicken. Markus und Toni sind hervorragende Eiskletterer. Lincoln Else, unser Kameramann, ist noch nie etwas richtig Schweres im Eis geklettert und bekommt ein wenig zittrige Knie. Das Eis am Torre ist nicht kompakt wie auf einem Gletscher oder Wasserfall, sondern sogenanntes Rime Ice, Anraum, eine Art Raureif mit großen Kristallen, der durch die Kombination von Feuchtigkeit, Kälte und Wind zustande kommt.

Dafür haben wir Markus und Toni, sie werden Lincoln hinaufhelfen. Wir entscheiden, dass die drei mit dem Hubschrauber zur Rückseite des Torre gebracht werden, weil sie es sonst nicht mehr schaffen, vor uns auf dem Gipfel zu sein – wenn alles klappt. Allein der Weg vom Nipo Nino zum Einstieg in die Westwand würde sechs bis sieben Stunden in Anspruch nehmen. Zu diesem Zeitpunkt haben wir vor, bereits oberhalb der Bolt-Traverse zu sein.

Im Vorjahr waren wir unter der Ausrüstung verkabelt, was sich allerdings als Fehler herausgestellt hat. Wir mussten beim Aufstieg so hart arbeiten, dass wir schon bei der Hälfte der Tour alle Kabel abgerissen hatten und keine Tonaufnahmen vom Gipfel mitbrachten.

Unser Tonmann Joe Knauer hatte zwar schon an der »Nose« im Yosemite gearbeitet und bei einer Expedition auf den Mount Everest – aber da waren die Voraussetzungen ganz anders. Am Everest bist du nicht am Klettern, sondern am Schneestapfen, und außerdem schleppen die Träger dort mehr oder weniger dein ganzes Gepäck, und an der Nose waren die zwei Kletterer immer oben ohne unterwegs und hatten keinen Rucksack – beides nicht zu vergleichen mit dem, was wir hier machen.

Aber jetzt sind wir besser vorbereitet, wir haben sogar eine Tour auf die Sagwand unternommen, um das neu entwickelte Tonsystem zu testen.

Auch das Thema Helmkamera mussten wir überdenken. Im Vorjahr habe ich meine Kamera, die an der Seite des Helms befestigt war, in den Iced Towers zerstört. Ich bin mit dem Kopf irgendwie zu nahe an den Felsen gekommen, habe dabei die Kamera so wuchtig angeschrammt, dass ihre Halterung abbrach und die Kamera hinunterfiel. Sie blieb zum Glück auf einem kleinen Vorsprung liegen, und ich konnte sie wieder mitnehmen, aber nicht mehr montieren.

Jetzt ist die Kamera weiter hinten am Helm befestigt und mit einer kurzen Schnur hintersichert, so dass sie zumindest nicht ganz hinunterfallen kann, selbst wenn man die Halterung noch einmal ruiniert.

30

Natürlich berührt die Tatsache, dass die Haken nicht mehr in der Route sind, auch unsere Strategie. Wir müssen etwas mehr Material mit auf den Berg nehmen, um genügend Sicherungen legen zu können. Wir korrigieren deshalb den ursprünglichen Plan. Statt die erste Nacht im Nipo Nino und die zweite auf der Schulter zu verbringen, kalkulieren wir mehr Zeit für die Headwall ein. Wir nehmen uns vor, irgendwo in den Iced Towers, zwischen Bolt-Traverse und Headwall, zu biwakieren.

Peter und ich essen ordentlich zu Mittag. Dann kontrollieren wir noch einmal den Inhalt unserer Rucksäcke. Zwei Halbseile, eineinhalb Sets Friends, neun Klemmkeile, vier Eisschrauben, ein paar Normalhaken, vier Expressschlingen und fünf Bandschlingen. Dazu kommt noch eine abgeschnittene Isomatte – abgeschnitten, damit der Rucksack nicht zu voluminös wird –, zwei dünne Schlafsäcke, Kocher, Gas und ein paar Riegel. Alles ist auf das absolute Minimum reduziert.

Um drei Uhr nachmittags starten wir. Es ist so sommerlich, dass Peter und ich uns sogar Sonnenhüte aufsetzen – Sonnenhüte! Normalerweise bläst dir der Wind hier jeden Sonnenhut auf den Mond, und die Sonnencreme, die wir im Gesicht aufgetragen haben, wäre binnen kürzester Zeit voller Sand, so dass wir aussehen würden wie Schnitzel auf zwei Beinen.

Wir machen uns also auf den Weg wie Trekker, die in den Alpen auf eine kleine Zweitagestour gehen. Unterhemden, Rucksack, Sonnenhut, im Frühtau zu Berge.

Dirni begleitet uns mit einer kleinen Handkamera bis zum »Tirolese«-Übergang, dann dreht er um, um ab dem nächsten Tag seinen Einsatz mit dem Helikopter zu fliegen. Joe Knauer, der Tonmann, kommt mit uns ins Nipo Nino, wo er für den Rest der Zeit bleiben wird.

An einer Stelle, etwa eineinhalb Stunden vor dem Nipo Nino, fließt ein Bach von der linken Talseite herunter. Diesen Bach muss man queren, und gleichzeitig ist hier die letzte Gelegenheit, um etwas zu trinken und die Wasserflasche aufzufüllen.

Ich kühle mein Gesicht ab und denke: Gut, jetzt nur noch die eineinhalb Stunden den Gletscher entlang, dann sind wir im Lager. Erst als ich meine Flasche auffülle, merke ich, dass wir nicht allein sind. Zwanzig Meter entfernt hocken zwei Typen im Geröll und machen Rast. Sie trinken, vielleicht essen sie auch gerade etwas.

Es dauert ein bisschen, dann stehen die beiden auf und kommen zu uns herüber. Es sind Jason Kruk und Hayden Kennedy. Die zwei sind nach ihrer Tour und nachdem sie die Bohrhaken aus der Maestri-Route geschlagen haben, offensichtlich noch ein paar Tage im Nipo Nino geblieben und erst jetzt auf dem Weg zurück nach El Chaltén. Das überrascht mich. Das Nipo Nino ist kein besonders lauschiger

Ort. Man verbringt dort normalerweise nur Zeit, wenn man muss.

Wir sagen: »Hi.«

Sie sagen: »Hi.«

Es beginnt ein kurzes, distanziertes Gespräch, auch wenn Jason und Hayden nicht unsympathisch sind und schon gar nicht unfreundlich. Trotzdem steht etwas zwischen uns, etwas Unausgesprochenes.

Ich frage die beiden, warum sie schon nach El Chaltén hinausgehen, wo doch gerade erst das gute Wetterfenster aufmacht.

Sie antworten, dass ihre Freundin Carlyle Norman, die kanadische Kletterin, gerade auf der Aguja Saint-Exupéry ums Leben gekommen ist und dass sie nicht mehr motiviert sind, noch etwas Neues zu klettern. Sie haben alles, was sie vorgehabt hatten, schon hinter sich gebracht.

Ich frage sie nach ihrer Route auf den Gipfel. Sie beschreiben den Weg, und ich gratuliere ihnen. Es ist eine coole Linie, die sie *by fair means* absolviert haben.

Sie sagen, dass man ihre Route vermutlich frei klettern kann, dass sie ihrer Meinung nach aber ziemlich schwer sein wird. Dann fragen sie mich nach meiner Route, und ich erzähle ihnen in Stichworten, was wir vorhaben und wie wir es angehen wollen. Dass die abgeschlagenen Bohrhaken unser Projekt nicht einfacher machen, muss ich ihnen nicht auf die Nase binden, sie wissen es genauso gut wie wir.

Die beiden lenken das Gespräch von sich aus auf das Abschlagen der Haken und sagen, sie wissen, dass sie sich damit nicht nur Freunde gemacht haben.

Ich sage, dass auch ich die Aktion nicht unbedingt gut finde.

Sie erklären in kurzen Worten noch einmal, warum sie es gemacht haben.

Ich sage, okay, das ist jetzt euer Bier. Ich will jetzt meine Freiklettergeschichte machen und muss dazuschauen, dass sie mir in einem sauberen Stil gelingt.

Dann ist das Gespräch vorbei. Durchaus höflich, aber doch sehr distanziert.

Ein bisschen schwingen wohl noch die Animositäten der vergangenen beiden Jahre mit, der Shitstorm gegen mich und das Filmprojekt, auch wenn ganz offensichtlich ist, dass wir unsere Lektion gelernt haben. Jason war nicht ganz zufällig einer unserer heftigsten Kritiker.

Fünf Minuten nachdem wir uns verabschiedet haben, denke ich auch schon nicht mehr an Jason und Hayden, sondern nur noch daran, wohin der nächste Schritt gesetzt wird und der übernächste und ob das nicht bitte schneller gehen kann.

Als wir ankommen, treffen wir außergewöhnlich viele Menschen im Lager an, mehr, als ich jemals im Nipo Nino gesehen habe. Das Camp ist nicht unbedingt ein sehr bequemer Ort. Aber heute ist das Wetter okay, und einige Leute sitzen vor ihren Zelten und planen ihre morgigen Touren. Es sind hauptsächlich Amerikaner, aber auch einige Argentinier, und ich bemerke, dass sie uns ähnlich reserviert begegnen wie vorher Jason und Hayden an der Wasserstelle.

Kann auch sein, dass ein paar Leuten der Gedanke ganz gut gefällt, dass unsere Tour ohne die Maestri-Haken noch um ein Eck schwieriger geworden ist – nach dem Motto: Mal sehen, was du wirklich draufhast, Lama.

Ich habe nicht die geringste Lust, mich auf irgendwelche Diskussionen einzulassen, und lege mich mit Peter am vorderen Ende des Camps ins Zelt. Bevor wir schlafen gehen, kochen wir Wasser, essen ein wenig und trinken lauwarmen Kaffee.

Wecker auf zwei Uhr. Der vertraute Sound des Nipo Nino. Das Pfeifen des Windes und das rhythmische Knattern der Zeltbahnen.

Um zwei stehen wir auf. Es folgen die üblichen Handgriffe: Wasser kochen, anziehen, essen, trinken, Flaschen auffüllen, zusammenpacken, Rucksack schultern und die ersten Schritte in die Dunkelheit setzen. Wir starten um halb drei aus dem Nipo Nino. Zuerst gehe ich voran, dann Peter. Es ist dunkel, wir haben die Stirnlampen montiert.

Am Anfang führt der Weg über ein Blockgelände an der linken Talseite schräg bergauf. Bei einem Bach biegen wir gerade hinauf, es kommt ein Geländestück, wo Granitabrieb wie Sand zwischen den Felsen liegt. Dort wird es steiler, und Peter, der gerade vorangeht, gibt dermaßen Gas, dass ich mir denke: Hey, will der mich loswerden? Ich muss mich richtig ins Zeug legen, um dranzubleiben, und kriege sogar leise Zweifel: Läuft es ausgerechnet heute bei mir nicht besonders, oder warum bin ich sonst so langsam?

Dann gehe wieder ich voran, wir passieren das Norwegercamp in Richtung Media Luna. Dort ziehen wir die Steigeisen an und wechseln uns in der Führung ab, bis wir über Gletscherspalten und vorbei an großen Serracs unter die

1500 Meter hohe Ostwand gelangen, wo die Kletterei beginnt. Wir nehmen die Eisgeräte zur Hand. Dann klettern wir über steile Schneeflanken und kombiniertes Gelände hinauf bis zur Schulter, dem Col de la Paciencia.

Auf dem Col schauen wir beide auf die Uhr. Es ist sieben Uhr früh.

»Ist es bei dir auch sieben?«, fragt Peter.

Bei mir ist es auch sieben, aber auch ich habe das Gefühl, dass unsere Uhren falsch gehen oder dass irgendetwas anderes nicht stimmen kann. Viereinhalb Stunden vom Nipo Nino auf den Col, das ist eine wirklich gute Zeit.

Erst jetzt sage ich dem Peter, dass ich das Gefühl hatte, bei mir läuft es heute nicht.

Er schaut mich amüsiert an.

»War bei mir genauso. Wenn du vorne warst.«

Wir hocken uns also hin und nehmen die Rucksäcke auseinander, um nichts, was ein paar Gramm zu viel hat, mitschleppen zu müssen. Wir nehmen die Deckeltasche herunter, den wasserdichten Sack raus, montieren das Gestänge ab, nehmen den Hüftgurt ab. Beim Klettern ist selbst das geringste Gewicht von Bedeutung – und sinnloses Gewicht gibt es bei Peter und mir nicht.

Während wir uns für die nächste Etappe bereit machen, entdecken wir im Schnee zwei alte Schaumstoffmatten, die ein anderes Team hier zurückgelassen hat. Wir pickeln sie aus, hauen uns drauf und machen in der Sonne ein Nickerchen bis zu Mittag. Weil wir so schnell hier waren, können wir jetzt eineinhalb Stunden länger rasten, als wir geplant hatten.

Wir kochen noch einmal Wasser und essen eine Kleinigkeit. Dann steigen wir ein, nur die aufs Notwendigste reduzierten Rucksäcke als Gepäck und mit Kletterpatschen statt Bergschuhen an den Füßen. Im Vergleich dazu, wie wir uns hier schon gequält haben, ist der Aufstieg hinauf zur Bolt-Traverse ein Spaziergang.

Diese Seillängen sind Peter und ich in den letzten Jahren bereits unzählige Male geklettert. Einmal waren die Verhältnisse so schlecht, dass wir für die ersten zwei Längen fast zwei Stunden brauchten. Nach sieben Stunden mussten wir uns geschlagen geben und wieder abseilen.

Was für ein Unterschied zu heute. Heute passen die Verhältnisse. Bereits um 16 Uhr, nach nur drei Stunden Kletterei von der Schulter, erreichen wir die Bohrhakenleiter Maestris. Sie führt drei Seillängen schräg nach rechts durch eine komplett glatte Wand und dann weiter bis in die Iced Towers. Es ist unmöglich, diese Passage frei zu klettern. Wir müssen hier, weiter links, an der Südostkante eine Umgehung finden.

Peter sichert mich vom letzten Stand vor der Traverse. Ich klettere in einem braunen Fels durch Gelände, das zuerst recht leicht ist, etwa zwanzig Meter nach oben, dann komme ich zum Beginn des Salvaterra-Risses. Hier finde ich zwei Bohrhaken, die Ermanno Salvaterra 1999 bei einem Versuch, die Route mit möglichst wenigen Bohrhaken zu klettern, zurückgelassen haben muss. Ich hänge mein Seil ein.

Der Salvaterra-Riss zieht schräg nach rechts weg, irgendwie bananenförmig. An derselben Stelle zieht ein anderer Riss ein Stück nach links, hinter die Kante und dort gerade nach oben, bis er sich im Granit verläuft. Er wird immer schmäler, irgendwann ist er nicht mehr zu sehen. Andere Möglichkeiten für eine Freiklettervariante gibt es nicht. Überall sonst ist der Granit komplett geschlossen.

Der Salvaterra-Riss, über den Hayden und Jason in technischer Kletterei die Bolt-Traverse umgangen haben, scheint mir nicht geeignet für einen freien Versuch. Er ist zu steil. Es gibt keine Tritte, und nach oben wird der Riss einfach zu schmal.

Der linke Riss läuft zwar aus, aber er ist um eine Spur flacher – wenn man das in einer senkrechten Wand so sagen kann. Von unten ist es schwer zu beurteilen, aber mir scheint, als könnte man nach dem Riss direkt an der stumpfen Kante klettern. Ein paar kleine Griffe und Tritte müsste es geben, um die paar Klettermeter durch den scheinbar blanken Fels überwinden zu können.

Peter übernimmt jetzt auch meinen Rucksack, damit ich mich ganz aufs Freiklettern konzentrieren kann. Dann starte ich in den linken Riss.

Mit meinem linken Fuß steige ich hoch an und drücke mich in die Südwand. Unter mir pfeift es jetzt mindestens tausend Meter senkrecht nach unten. Hier steige ich ein paar Meter hoch. Zum ersten Mal, seitdem ich am Cerro Torre klettere, greife ich in mein Chalkbag. Meine Finger sind zwar kühl, aber das Magnesium an den Fingerspitzen vermittelt mir auf spezielle Weise das vertraute Gefühl, das ich hatte, wenn es anderswo schwierige Seillängen zu meistern galt. Eines meiner zwei Seile hänge ich in einen Normalhaken ein, dann wird die Kletterei augenblicklich viel schwerer.

Im Riss lege ich ein paar Sicherungen. Zuerst einen Klemmkeil, dann einen Friend, dann noch einen Friend, zuletzt hänge ich mein Seil noch in einen Normalhaken, alle in ziemlich knappen Abständen: Ich weiß, dass ich diese schwierige Passage ohne jegliche weitere Absicherung überwinden muss.

Die Kletterei fühlt sich schwer an, sauschwer. Oberer neunter, unterer zehnter Schwierigkeitsgrad, und das am Torre. Aber daran denke ich gerade nicht. Schon bei der Annäherung an die Kante merke ich, dass ich in Bedrängnis bin. Der letzte gute Griff liegt schon ein gutes Stück weit unter mir, ich hänge nur noch an irgendwelchen kleinen Unebenheiten und Quarzkristallen. Als ich meinen Fuß höher platzieren will, merke ich, dass mein Körperschwerpunkt sich nach hinten verlagert. In Zeitlupe gerate ich aus dem Gleichgewicht. Mir schießen hundert Sachen durch den Kopf: Die letzte Sicherung. Die spitzen Eispickel an meinem Gurt. Das Seil, das nun über die Kante scheuert.

Ich falle. Ich schreie. Ich schreie sonst nie, aber dieser Schrei meint Unsicherheit, Anspannung, Erschrecken, Scheitern, Wut.

Dann hänge ich schon knappe zehn Meter tiefer im Seil.

»Fuck. Sauschwer hier.«

Es ist gut für die Nerven, wenn die Sicherungen keinen Mucks machen und halten.

Ich hänge im Seil und denke: »Das wird nicht das einzige Mal gewesen sein« – und das ist bereits ziemlich optimistisch gedacht. Ich bin nicht beim Zug zum nächsten Griff einfach abgerutscht. Da war kein nächster Griff. Was ich spürte, war eine Unebenheit, ein Hauch von nichts. Ich verscheuche die ersten Zweifel, ob die Stelle wirklich frei zu klettern ist, ziehe mich hoch. Dann versuche ich es erneut.

Dieses Mal klettere ich etwas direkter an der Kante. Es gelingt mir, ein Stückchen höher zu kommen als beim vorherigen Versuch. Ich konzentriere mich jetzt ganz auf die stumpfe Kante. Diese weist zwar keine guten Griffe auf, aber sie steht in einem anderen Winkel zur Wand, dadurch kann man über die Füße Druck aufbauen. Wenn es geht, dann nur hier.

Rechts der Kante, in der glatten, leicht überhängenden Wand, finde ich eine Seitleiste für die rechte Hand. Dann muss ich zwei, drei Mal entlang der runden, offenen Kante schnappen – mich mit der Reibung der Handfläche hochpatschen, um den Körper besser zu positionieren –, bis ich merke, dass sich die Verbindung – mein Körper mit den in Position gebrachten Extremitäten am Fels – nicht gut anfühlt. Als ich das denke, segle ich schon wieder ins Seil.

Meine Zweifel werden ein wenig lauter. Vielleicht geht es tatsächlich nicht. Granit ist ein Hund, manchmal macht ein einziger Meter in der Wand, der sich nicht klettern lässt, eine ganze Tour unmöglich.

Gleichzeitig denke ich mir aber: Du probierst das jetzt so lange, bis es geht. Denn hier entscheidet sich jetzt tatsächlich, ob der Torre frei zu klettern ist, und du wirst das jetzt bitte so lange probieren, bis es geht, und wenn du scheiterst, dann scheiterst du, weil du einfach nicht mehr kannst.

Ich denke angestrengt darüber nach, wie ich mit minimalen Veränderungen meiner Füße in eine stabilere Position kommen kann, um kontrolliert eine Hand vom Fels zu lösen und nach der nächsten Unebenheit zu greifen, ohne dabei aus dem Gleichgewicht zu kommen. Ich setze also meinen linken Fuß eine Spur höher, um mich anders in Stellung zu bringen, doch ich verliere die Haftung und stürze noch einmal. Aber dieses Mal stürze ich im Bewusstsein, die richtige Körperposition gefunden zu haben. Ich habe durch das Höhersetzen meines Fußes meine Hüfte näher an den Fels gebracht und war für eine Millisekunde in einer total stabilen Position. Meine Körperwahrnehmung hat plötzlich »Klick!« gemacht, und ich weiß jetzt, was ich machen muss.

Ich ziehe mich wieder nach oben und starte gleich wieder in die Stelle. All die kleinen Dellen und Quarze fühlen sich mittlerweile schon viel vertrauter an als noch beim ersten Versuch. Ich klettere voll am Limit, bin irgendwann schon wirklich weit über dem Haken und denke mir dann: Scheiß drauf, jetzt probier ich es einfach. Dann schnappe ich nach einer kleinen Schuppe, ohne wirklich zu wissen, was mich dort genau erwartet – und erwische eine winzige, scharfe Leiste, an der ich mich mit zwei Fingern festhalten kann.

Ich blockiere von der Zweifingerleiste so weit wie möglich nach oben und merke dabei, wie der scharfe Granit langsam die Haut an meinen Fingerkuppen perforiert. Ich weiß nicht, was hinter der Kante wohl auf mich wartet. Ich patsche mit der linken Hand darüber, finde aber nur runde Griffe, Aufleger, wo ich maximal mit der Reibung meiner Handfläche einen gewissen Halt finden kann, aber ich schaffe es, mich irgendwie über die Kante drüberzuwurschteln.

Ich bin fast mehr erstaunt als glücklich, dass ich das hingekriegt habe, als ich oben zum nächsten Stand klettere, was plötzlich wieder total einfach ist.

Die schwierige Stelle ist entschlüsselt. Frei zu klettern bedeutet allerdings, jede Seillänge ohne Sturz in einem Zug zu durchsteigen. Peter lässt mich also jetzt am Seil über die Schlüsselstelle nach unten.

»Cool«, sagt er, nicht mehr, aber auch nicht weniger. Wir sind keine Seilschaft, die sich ununterbrochen mit Rufen oder Gesängen anfeuern muss, uns reicht ein richtiges Wort zur richtigen Zeit. Umgekehrt kann es nämlich ziemlich nerven, wenn dein Partner dir dauernd »Kimm, du schaffst es« zuruft, während du oben im Vorstieg gerade überhaupt kein Licht siehst.

Aber dieses »Cool« ist jetzt schon okay.

Wir tauschen die Seilenden, weil mein Ende des blauen Seils nicht mehr so gut ist, nachdem es mehrmals über die Kante geraffelt ist. Peters Seilenden sind noch besser, sie haben noch keinen Sturz halten müssen, und da das Seil des Nachsteigers nicht so viel Belastung bekommt, kann Peter mir ohne Risiko sein Seilende überlassen.

Ich will nichts essen, nichts trinken. Eine innere Ungeduld hat mich erfasst, die mich dazu zwingt, sofort wieder einzusteigen. Noch immer weiß ich nicht, ob ich die gesamte Passage in einem Zug ohne Sturz schaffe. Ich weiß nur, dass ich mir keinen falschen Millimeter erlauben darf.

Kann sein, dass mir jetzt meine Erfahrung aus den Kletterwettkämpfen zugutekommt. In unzähligen Bewerben habe ich gelernt, wie man im entscheidenden Moment die ganze Leistung, zu der man fähig ist, abruft: jetzt.

Jetzt steige ich ein zweites Mal in die Seillänge ein. Ich klettere bis zum Beginn des Risses und warte kurz, weil ich merke, dass meine Unterarme doch noch ein bisschen müde sind und die Muskeln zuzumachen drohen.

Ich denke mir nicht, dass es jetzt klappen sollte. Ich denke mir, es ist nur der zweite Versuch. Vielleicht haut es mich noch ein paar Mal. Aber eines ist klar. Wenn ich einmal über diese Stelle gekommen bin, dann komm ich auch ein zweites Mal drüber, und wenn diese Seillänge erst einmal geschafft ist, dann ist die größte Schwierigkeit auf dem Weg nach oben vielleicht schon aus dem Weg geräumt.

Ich fand es vorhin schon erstaunlich, dass ich die Stelle hingekriegt habe. Noch erstaunlicher ist, wie sicher ich mich jetzt beim Klettern fühle – immer am Limit, aber nie jenseits der Grenze des Beherrschbaren, der Schwerkraft, die mich einen Kilometer pfeilgerade nach unten ziehen will. Zügig klettere ich in die Schlüsselstelle hinein. Die Griffe sind freilich nicht besser geworden, aber ich bin entschlossener als noch zuvor, weil ich weiß, dass es einen Weg nach oben gibt. Seitleiste für rechts, Aufleger für links. In meinem Kopf spult sich ein Programm ab, das fast einer Choreografie gleicht.

Unterbewusst nehme ich auch die Anfeuerung durch Peter war. »Allez!«, ruft er, wie die Fans bei einer Weltcupkonkurrenz. Von der scharfen Zweifingerleiste blockiere ich wieder hinauf zu den Auflegern. »Allez! Geht schon, David«, ruft Peter. Die letzten Züge ins leichte Gelände und hin zum Standplatz sind nur noch Kür. Ein Gefühl von Erleichterung macht sich in mir breit. Ich schaue runter zu

Peter am Standplatz und weiß, dass er sich genauso freut wie ich.

Grinsen, Nicken. Das war die erste Schlüsselstelle, Partner.

Peter klettert bis zum Beginn des Risses, dann zieht er sich bis zu meinem Standplatz am Seil hoch.

Wir klettern weiter. Die Seillängen bis in die Iced Towers sind jetzt nicht mehr so schwer, wir kommen schnell und flüssig voran.

Noch bevor es dunkel wird, hacken wir ein kleines Podest ins Eis, auf dem wir nebeneinander sitzen können. Hier werden wir heute Nacht biwakieren. Eine andere Seilschaft hat hier vor Urzeiten ein Materialdepot gehabt, deshalb ist auch ein Bohrhaken da, an den wir uns und unser Zeug anhängen können. Weil wir dem Haken nicht ganz trauen, legen wir um den Felsblock, vor dem wir sitzen, noch eine Bandschlinge und drehen an der Seite eine Eisschraube ins Eis, um ein Seil zu spannen, an dem wir, eingehängt mit einem Karabiner, hin und her gehen können.

Der Platz ist nicht gerade ein Luxushotel, vor allem wenn man bedenkt, dass wir fast zwei Stunden daran gearbeitet haben. Aber er ist sicher. Über uns ein Block, der verhindert, dass wir etwas auf die Mütze bekommen, vor uns der Blick nach Süden und selbst jetzt am Abend noch etwas Sonne. Auch in der Früh werden wir bald Sonne bekommen.

Wir bereiten uns auf die Nacht vor, kriechen in unsere Schlafsäcke und setzen uns auf unsere abgeschnittene Isomatte. Dann kochen wir ein wenig Wasser. Das Abendessen entfällt, da unsere Gaskartusche undicht ist und wir sonst morgen früh kein Wasser mehr schmelzen können.

31

Gleichzeitig wird auch auf der anderen Seite des Cerro Torre hart gearbeitet. Markus, Toni und Lincoln kämpfen sich auf der Rückseite in Richtung Gipfelplateau. Lincoln hat eine Eisschraube auf die Lippe bekommen und sieht aus wie nach einem Sparring mit Mike Tyson, aber ansonsten sind sie gut unterwegs.

Die letzte Seillänge dieser Route ist allerdings auch die größte Herausforderung. Markus muss sich regelrecht durch das Rime Ice des Gipfels wühlen, um Höhe zu machen, und die anderen beobachten seine Bemühungen von ihrem Stand, der genau in der Falllinie liegt. Jeder Schlag, den Markus mit dem Eisgerät macht, lässt das nasse Eis und den Raureif aufspritzen. Am Nachmittag scheint die Sonne in die Westwand und weicht das Eis auf. Markus ist schon komplett nass, aber auch die Kollegen kriegen ihre Dusche ab.

Als sie bei Einbruch der Dunkelheit auf dem Gipfelplateau ankommen, haben sie eine sehr anspruchsvolle Tour hinter sich gebracht und allen Grund, stolz und happy zu sein. Per Funk melden sie Vollzug. Der ehrgeizige Plan ist aufgegangen. Sie bauen ihr Biwak in privilegierter Lage – mit Dachterrasse. Morgen in der Früh kann für das Team der eigentliche Teil der Arbeit beginnen, wenn Lincoln mit seiner Kamera unseren Freikletterversuch in der Headwall dokumentiert. Die Belohnung dafür genießen sie bereits: eine ganze Nacht bei herrlichem Wetter auf dem Gipfel.

Zur selben Zeit ereignen sich in El Chaltén tumultartige Szenen. Jason Kruk und Hayden Kennedy sind im Ort angekommen. Dort nehmen sie Glückwünsche von all jenen entgegen, denen die Entfernung der Maestri-Bolts ein Herzensanliegen war. Endlich, so ihr Tenor, ist die Wand wieder näher an ihren natürlichen Zustand gerückt.

Aber das ist nicht die einzige Meinung. Es ist allgemeiner Konsens in der Bergsteigerwelt, dass eine Kletterroute nach der Erstbegehung in ihrem Charakter nicht wieder verändert werden soll. Gegen diesen Grundsatz haben Jason und Hayden verstoßen, indem sie die am meisten gekletterte Route auf den Cerro Torre von heute auf morgen deutlich schwerer gemacht haben.

Als Jason Kruk sich vor einem Internetcafé in die Schlange stellt, um auf eine freie Telefonleitung zu warten, kommen vierzig Leute, viele davon Mitglieder im lokalen Alpinclub, auf ihn zu und drängen sich in den kleinen Raum.

»Was bildest du dir ein? Wie arrogant seid ihr denn?«

Geschrei... Drohgebärden.

Es wird laut, und Jason bekommt es mit der Angst zu tun. Er ist schon darauf gefasst, eine Tracht Prügel zu kassieren, als einer aus dem Mob ihn anherrscht, er und Hayden sollen gefälligst ihre Sachen zusammenpacken und aus El Chaltén verschwinden.

Die Menge zieht ab, Jason bleibt geschockt zurück und flüchtet in das Haus, das er mit Hayden gemietet hat. An der Tür und an den Fenstern hat irgendjemand Plakate befestigt, auf denen steht, Jason und Hayden sollen um ihr Leben rennen: »Run for your life«.

Aber die Geschichte ist noch nicht vorbei. Wenig später tauchen Beamte der Provinzpolizei im Quartier von Jason und Hayden auf und nehmen die beiden fest. Auf der Wache beschlagnahmen die Polizisten die Maestri-Haken, die Jason und Hayden wie Trophäen von einem Jagdausflug mit nach unten gebracht haben. Die Haken, so die harsche Auskunft, werden dem lokalen Klettermuseum übergeben. Jason und Hayden verbringen zweieinhalb Stunden auf der Polizeistation, dann dürfen sie gehen. Aber über ihre Aktion wird noch lange diskutiert werden.

32

Im Biwak besprechen Peter und ich kurz die Lage. Dabei zieht Peter eine »Kaminwurzen« aus seiner Tasche, eine rauchige, kernige Hauswurst von zu Hause in Osttirol. Er hat fast immer eine Kaminwurzen dabei. Auch wenn wir sonst total minimalistisch unterwegs sind, für so einen deftigen Leckerbissen findet Peter immer einen Platz.

Dann wird geteilt. So eine Kaminwurzen ist immer ein Genuss. Während man den Travellunch meistens schnell in sich hineinschlingt, um etwas im Magen zu haben, werden die Bisse bei der Wurst immer kleiner und vorsichtiger, je weniger da ist. Wir kauen die Wurst, so gründlich es geht, damit wir möglichst lang etwas davon haben.

Wo stehen wir mit meinem Projekt? Für mich ist die Bolt-Traverse, in der die heftigeren Kletterschwierigkeiten warten, immer das größere Fragezeichen gewesen als die Headwall. In der Headwall sind die Leisten hinterschnitten, wie kleine Schuppen. Da kannst du dich schon an winzigen Vorsprüngen festhalten.

In der Bolt-Traverse ist alles rund, und an runden Leisten tust du dir wesentlich schwerer. Also bin ich mir ziemlich sicher, dass mit der Bewältigung der Schlüsselseillänge in der Bolt-Traverse bereits das Schwierigste hinter uns liegt.

Ein typisches Lama-Ortner-Gespräch fasst diese differenzierten Fakten ungefähr so zusammen:

»Schwerer wie da unten wird's nimmer.«

»Glaub ich auch nicht.«

»Oben schaffen wir's schon irgendwie.«

»Genau.«

Viel mehr geredet wird nicht. Wir probieren, eine halbwegs angenehme Position zum Schlafen zu finden, hören eine Viertelstunde Musik am Handy, wenn wir das schon als besseren Wecker dabeihaben.

Um sechs Uhr morgens, nach einer langen Nacht in relativ unbequemer Lage, schmelzen wir mit dem Rest von unserer Gaskartusche Wasser und machen uns eine Spargelcremesuppe von Knorr. Das Panorama ist wunderbar. Dirni ist auch schon wach, er kreist mit dem Hubschrauber um den Berg.

Wir lassen den Rucksack mit den Schlafsäcken, der Isomatte und dem Kochzeug zurück. In Wechselführung klettern wir durch die Iced Towers. Ich bin wieder dran, als es durch den beschissenen Gully nach oben geht, wo ich im Vorjahr das Eis auf den Kopf bekommen habe. Ich arbeite mich mit einem etwas unangenehmen Gefühl von Erinnerung und Hellhörigkeit hinauf und höre immer wieder, wie sich Eis löst. Aber es kommt nichts Großes herunter.

Gegen neun Uhr stehen wir am Anfang der Headwall. Ich montiere die Steigeisen von meinen Bergschuhen und stopfe sie in den Rucksack. Dann ziehe ich auch Bergschuhe und Socken aus und stopfe sie dazu.

Mein Magazin ist mit Friends, Klemmkeilen und Normalhaken gefüllt, als ich die erste Seillänge vorsteige. Sie ist nicht besonders schwer, aber die großen, lockeren Schuppen der Headwall machen die Kletterei ungut. Ich muss beim Belasten jeder einzelnen Schuppe aufpassen, dass ich sie nicht ausbreche. Jeder Zug ist eine Übung in alpinistischer Sensibilität.

Unser erster Standplatz in der Headwall befindet sich einen halben Meter neben dem Maestri-Standplatz. Ich habe ihn mit drei Sicherungspunkten, zwei Friends und einem Klemmkeil, gebaut.

Den Maestri-Haken rühre ich nicht an, denn Peter ist total motiviert, den Amis zu beweisen, dass wir auch ohne die Maestri-Haken auskommen können, nach dem Motto: Was ihr könnt, können wir schon lange. Bis zu diesem Punkt haben wir auch keinen einzigen Maestri-Haken verwendet, aber ich finde die Sache ein bisschen lächerlich.

Als Peter hinaufkommt, frage ich ihn: »Findest du's auch so scheiße, einen halben Meter neben einem Bomberstand einen zu haben, der maximal okay ist? Es ist doch total sinnlos, zu tun, als wären die nicht da.«

Peter zögert. Dann sagt er: »Hast eigentlich recht.«

Wir verbinden die drei Maestri-Haken neben uns, die Jason und Hayden zum Abseilen im Fels stecken gelassen haben, mit einer Bandschlinge und hängen uns in den Maestri-Stand. Peter baut die zwei Friends und den Klemmkeil unseres ersten Stands ab, dann klettern wir weiter.

In der zweiten Seillänge sind die brüchigen Schuppen größer, und die Kletterei wird schwerer. Dazu kommt, dass der Fels nass ist und scheußlich riecht: Oben hat irgendwer hingekackt, und das Wasser, das von oben die Wand hinunterläuft, nimmt den Geruch mit, so dass ich jetzt mitten durch den Gestank klettern muss.

In der dritten Länge muss ich an einem Eiszapfen vorbei, ohne ihn zu berühren, um Peter, der am Stand genau darunter hängt, nicht in Gefahr zu bringen. Bis hierher sind wir der Originallinie von Maestri durch die Headwall gefolgt. Vor wenigen Tagen steckten hier noch unzählige Bohrhaken. Jetzt muss ich alles selbst absichern, da Jason und Hayden bekanntlich die Tour neu definiert haben. Das macht die Sache noch eine Spur anspruchsvoller. Viele Bomber-Sicherungen bekomme ich nicht unter. Die Runouts sind lang, und ich denke mir: Besser, ich flieg jetzt nicht.

Ich höre den Hubschrauber, und weit oben sehe ich, wie uns Lincoln am Seil langsam entgegenkommt, um seine Aufnahmen zu machen. Gut, dass das funktioniert hat, aber ich blende es auch gleich wieder aus, weil ich mich auf die Hauptsache konzentrieren muss: wie ich durch diese Wand nach oben komme.

Mit der vierten Seillänge dringen wir jetzt in neues Terrain vor. Ich klettere ein paar Meter gerade hoch, lege einen Klemmkeil, dem ich aber nicht wirklich vertraue, dann quere ich nach rechts und schlage einen Normalhaken. Die nächsten Meter sind schwer. Wieder muss ich über lockere Schuppen klettern – werden schon halten –, bis ich endlich einen Stand an zwei guten Friends machen kann.

Auf der fünften Seillänge klettere ich jetzt fünf Meter gerade hoch, lege zwei gute Friends und hänge das linke meiner beiden Seile ein. Ich quere an kleinen Leisten und Löchern weit nach rechts. Nach zehn Metern kann ich wieder einen Friend legen, in den ich mein rechtes Seil einhänge.

Jetzt bin ich in dem Risssystem, das mich bis zum Gipfelschneefeld führen soll. Die Abstände der Sicherungen sind jetzt weit voneinander entfernt. Die Kletterei ist nicht wahnsinnig schwierig, unterer neunter Grad – aber diesen Schwierigkeitsgrad sollte man an dieser exponierten Stelle schon sehr, sehr sicher klettern können.

Ich klettere weiter hoch, ohne eine wirklich vertrauensvolle Sicherung legen zu können. Kurz unterhalb des Schneefelds, vielleicht zwanzig Meter über meinem letzten guten Friend, versuche ich es noch einmal. Zwei schlechte Klemmkeile, ein weit herausstehender Normalhaken und ein schwindliger Friend. Ich verbinde alle Sicherungen, mein letztes Placement – hoffentlich nicht das letzte, das ich in meinem Leben gelegt habe.

Die letzte anspruchsvolle Passage führt direkt auf einen riesigen Block zu, vielleicht sieben Meter breit, der wie ein überdimensionaler Kühlschrank auf einem kleinen Vorsprung hockt. Der Block ist riesig und sicher ein paar Tonnen schwer, aber man kann ihn mit einer einzigen falschen Bewegung, von der Wand weg nach außen, aus der Balance bringen und in die Tiefe schicken.

Ich klettere unterhalb des Blocks nach links und dann ein, zwei Meter neben ihm hinauf, ohne ihn auch nur zu berühren.

Ich habe den Block bereits mit dem Fernglas betrachtet, als ich von unten meine Linie ausgecheckt habe. Eine der beiden Aufstiegsvarianten, die ich für möglich halte, führt direkt über ihn drüber. Die zweite geht vier oder fünf Meter weiter links durch eine senkrechte Wand mit winzigen Leisten. Sie ist sicher um einiges schwieriger, als über den Block zu klettern, vor allem weil dort der Fels vom schmelzenden Schnee des Gipfelschneefelds zusätzlich nass ist.

Ich steige noch einmal ein paar Meter zurück, zu meiner letzten Rastposition und schlage ein paarmal mit der Hand auf den Kühlschrank, um zu sehen, wie sehr er wackelt.

Ich überlege, ob ich nach links ausweichen soll, doch dann nehme ich mir ein Herz und steige langsam und enorm vorsichtig auf den Block hinauf. Das Wichtigste ist jetzt, bloß keine Kräfte nach außen auf den Block zu bringen, sondern ihn immer nur mit dem eigenen Gewicht nach unten zu belasten.

Ich befinde mich vielleicht noch fünf Meter unterhalb des Gipfelschneefelds und stehe auf einem Brocken Fels, dessen Verhalten völlig unberechenbar ist. Keine Ahnung, was das Teil mit mir vorhat.

Keine Eile. Und keine hektischen Bewegungen.

Peter steht etwas außerhalb der Falllinie und beobachtet

aufmerksam, wie ich vorsichtig auf den Block hinaufklettere. Das blaue Halbseil ist in Gefahr, das rote haben wir aus der Falllinie gehängt. Geht der Felsen ab, schlägt er das blaue mit Sicherheit durch, aber ich reise mit dem Trumm nicht bis ganz nach unten, sondern werde vom roten Halbseil aufgefangen.

So sieht jedenfalls die Theorie aus. Ich habe keine Lust, zu überprüfen, ob sie stimmt. Deshalb schleiche ich wie ein Wasserläufer über den Brocken und bin ehrlich erleichtert, als ich die ersten Züge machen kann, mit denen ich mich wieder am festen Granit der Headwall festhalten kann.

Ein paar Züge weiter oben wird das Klettern leichter, dann stehe ich schon am Ausstieg der Headwall. Ich vertraue jetzt einfach darauf, dass ich nicht mehr stürze, und klettere die letzten Meter hinauf in den Schnee.

33

Soll ich jubeln, soll ich schreien, soll ich irgendetwas Bedeutendes sagen? Ein kleiner Schritt für mich, aber ein großer … nein.

Ich lege einen Klemmkeil, quere ein paar Meter nach links zum Stand, wo auch Lincoln, unser Kameramann, hängt, und sichere Peter nach. Dann wechseln wir beide die Kletterpatschen gegen Bergschuhe und Steigeisen und stapfen über das Schneefeld nach oben zum Gipfel. Ich lasse Peter zu den anderen vorangehen und gehe selbst als Letzter hinauf zu Markus.

Als ich auf das Gipfelplateau hinaufstapfe, sehe ich Markus und Toni, die mich dort erwarten. Markus hat schon ein breites Grinsen drauf, aber so grinsen wie der Ponholzer Toni kann halt doch nur der Ponholzer Toni. Über dem Grinsen trägt er seinen weißen Helm mit der programmatischen Aufschrift »Cerro Toni«.

Der Toni ist ein Uralpinist, der schon viele Saisonen in Patagonien verbracht hat und einige anspruchsvolle Routen geklettert ist. Niemand kann glücklicher sein als er, wenn er hier auf dem Gipfel des Cerro Torre steht.

Ich sage jetzt also nichts, sondern schüttle nur die Hand, die mir Markus entgegenstreckt, die große, starke Hand des Armdrückstaatsmeisters, und lasse mich von ihm für einen Moment an die breite Brust ziehen, während er mir gratuliert.

Auch Toni schüttelt mir die Hand, lacht mich aus seinem faltigen Bergindianergesicht heraus an und fasst das Ergebnis dieses Tages, dieser Saison, der letzten drei Saisonen auf diesem schönsten Berg der Welt in das einzige Wort zusammen, das alles irgendwie beschreibt und nicht zu lang ist, so dass uns am Ende beim Reden der Mund austrocknen würde:

»Gewaltig!«

Ich stapfe jetzt mit Peter hinauf auf den Gipfel-Eispilz. Der Helikopter schwirrt um den Gipfel wie ein überdimensionaler Moskito, Dirni quasselt Gratulationen in sein Funkgerät, Lincoln lässt die Kamera laufen und sucht nach der besten Perspektive, aber hier oben gibt es nur beste Perspektiven.

Peter sagt dann doch noch etwas Bedeutendes: »Es ist

egal, zu wievielt du am Gipfel stehst, weil du weißt, dass jeder sein Bestes gegeben hat.«

Für einen Augenblick nimmt mich ein unerwartetes Gefühl gefangen. Ich fühle mich weder besonders happy und schon gar nicht euphorisch, sondern spüre eine gewisse Leere. Unter dem Projekt, das drei Jahre lang die meisten meiner Gedanken bestimmt hat und auf das sich alle Träume und Hoffnungen konzentrierten, sitzt von einem Moment auf den anderen ein Haken. Erledigt. Abgehakt.

Ich denke keine Sekunde darüber nach, dass die Befreiung des Torre mein mit Abstand größter Erfolg als Alpinist ist. Ich spüre nur das Vakuum, das sich plötzlich in mir ausbreitet, jetzt, in der Stunde des Erfolgs, des programmierten Glücks, der Sause, des Abtanzens. Vielleicht fühlt man sich so, wenn man ein Kind in einen neuen Lebensabschnitt verabschiedet. Gut, dass wir so weit sind. Aber schade, dass es so schnell gegangen ist.

Mein Blick schweift über die Fitz-Roy-Kette, bleibt an der Aguja de la S hängen und am Poincenot, den Abfallprodukten unserer Sehnsucht, hier oben zu stehen, und ich spüre, dass der Cerro Torre etwas Entscheidendes in mir verändert hat. Er hat mir geholfen, zu einem Menschen zu werden, für den der Alpinismus mehr bedeutet als eine Haltung gegenüber dem Berg.

Ich bin während der drei Jahre dieses Projekts immer strenger mit mir selbst geworden. Ich habe Zeit gebraucht, um die selbst auferlegten Regeln zu verstehen und zu verinnerlichen. Es erscheint mir jetzt absurd, dass mir die Fehler des ersten Jahres passieren konnten.

Das Ziel, das ich jetzt erreicht habe, markiert das Resultat dieser Veränderungen. Die Regeln, deren Verletzung andere Kletterer so gegen mich aufgebracht hat, sind meine eigenen Regeln geworden. Ich weiß, dass die ernste, ehrliche Auseinandersetzung mit der Ethik des Kletterns dazu verführen kann, auch anderen diese Regeln aufzwingen zu wollen, zum Dogmatiker des Kletterns zu werden. Viele Kletterer sagen deutlich, welchen Stil sie für den einzig richtigen halten, um einen Berg zu besteigen, und dass sie keinen anderen akzeptieren.

Ich möchte aber weiterhin andere Sichtweisen akzeptieren. Gut möglich, dass sie nicht meiner eigenen Perspektive entsprechen. Die Schlangen, die sich den Mount Everest hinaufquälen, haben mit meiner Art, wie ich das Klettern sehe, nichts zu tun. Das ist klar. Aber ich möchte es trotzdem niemandem verbieten. Ich möchte bloß allen Menschen nahelegen, über die eigenen Fähigkeiten nachzudenken und sich selbst etwas Gutes zu tun, indem sie Verantwortung gegenüber ihren Fähigkeiten zeigen. Das kann heißen, dass sie einen Gipfel schaffen, indem sie an ihre Grenzen gehen. Oder dass sie ihn sein lassen, weil sie merken, dass sie noch nicht bereit dafür sind.

Unterdessen verwandelt sich das Gipfelplateau in eine Partyzone. Toni und Markus schmelzen etwas Wasser, und Peter hat von der Feierlaune, die sich bei mir nicht so recht einstellen will, eine doppelte Portion abbekommen. Er tanzt gerade einen Osttiroler Privattanz, und weil er findet, dass er dafür nicht richtig angezogen ist, entledigt er sich Stück für Stück seiner Ausrüstung, bis er pudelnackt über den Gipfelpilz jagt und alles wippen und flattern lässt, was dafür in Frage kommt. Er hat nur eine Sonnenbrille auf, damit ihn im Zweifelsfall niemand erkennt, und ein Eisgerät in der Hand, mit dem er sich die Groupies vom Leib halten kann.

Es ist zwölf Uhr mittags. Partytime. Wir bleiben eine halbe Stunde auf dem Gipfel, dann machen wir uns auf den Rückweg, nach unten, nach draußen.

34

Wir seilen uns ab, Lincoln begleitet uns. Wir nehmen den Rucksack wieder mit, den wir am Anfang der Iced Towers zurückgelassen haben, und kommen zügig zurück auf die Schulter.

Dort schmelzen wir ein wenig Wasser, trinken und warten dann auf Markus und Toni, die nachkommen. Peter und ich teilen uns noch einen halben Müsliriegel, dann machen wir uns auf den Weg ins Nipo Nino.

Das Nipo Nino ist wie immer bei Schönwetter ziemlich voll, noch immer sind viele Amerikaner da, die von Touren zurückkommen oder sich darauf vorbereiten. Aber die Stimmung hat sich komplett geändert. Die Nachricht, dass wir es trotz der abgeschlagenen Haken geschafft haben, ist schon im Camp eingetroffen. Wir haben uns, das ist deutlich zu merken, Respekt verschafft.

Dann kommt auch schon Dirni, schweißnass. Er hat sich vom Helikopter in die Nähe von El Chaltén fliegen lassen und ist mit Vollgas ins Nipo Nino gehetzt, einen Rucksack voller Käse, Wurst und Bier auf dem Buckel, und irgendwie hat sich auch eine Flasche Fernet ins Gepäck verirrt.

Dirni strahlt. Er ist superhappy. Er freut sich für uns, dass wir das Projekt fertig haben, und er freut sich für die Crew, dass alles genau so geklappt hat, wie das besprochen und geplant war. Er platzt richtiggehend vor Stolz, dass wir jetzt, in der dritten Saison, endgültig unser Ziel erreicht haben. Alles passt. Super Projekt, super Durchführung, super Crew. Er zeichnet noch ein paar Statements mit der Kamera auf, dann wird auch schon das Bier und die Wurst ausgepackt.

Es wird dunkel, die Crew feiert. Die Stimmung ist schnell ein bisschen heiter, nach einer so langen Tour, auf der kaum etwas gegessen wurde, braucht man nicht viel, um heiter zu werden, vor allem wenn eine Flasche Fernet im Kreis geht.

Ich bin zufrieden, aber ich bin auch müde. Ich trinke kaum etwas, was den anderen ganz recht ist, bleibt mehr für sie, und ziehe mich schon bald in mein Zelt zurück.

Das Pfeifen des Windes. Das Knattern der Zeltbahnen. Nipo-Nino-Sound.

Irgendwo in mir spüre ich das Glück, dass ich mein Ziel erreicht habe. Aber ich spüre auch, wie mir die drängenden Gedanken fehlen, mit denen ich seit drei Jahren aufwache und einschlafe. Ob die Bolt-Traverse wohl frei zu klettern geht. Welche Linie sich am Schluss als die logische, richtige herausstellt. Was ich tun muss, tun kann, tun soll, um diesen Berg zu befreien. Wie die Headwall sich auflösen wird. Ob mir die Verhältnisse in die Karten spielen oder einen Strich durch die Rechnung machen. Ob ich der Aufgabe, die gerade noch zwei Nummern zu groß für mich war, inzwischen gewachsen bin. Oder ob ich noch einmal, zweimal, dreimal nach Patagonien muss, um das, was ich angefangen habe, zu Ende zu bringen.

Ich merke, dass meine Welt eine Scheibe war und dass ich gerade über ihren Rand hinuntergefallen bin. Ich bin so fokussiert auf den Torre gewesen, dass ich kaum einen Gedanken darauf verschwendet habe, mir zu überlegen, was ich nachher tun könnte.

Peter kriecht irgendwann spät zu mir ins Zelt. Am nächsten Morgen sagt er ganz stolz, dass er echt nicht weiß, wie er hereingefunden hat.

Wir bleiben bis zum Mittag im Nipo Nino. Dann machen wir uns auf den Weg nach El Chaltén, diesen Hatscher, der mir inzwischen wirklich auf den Geist geht.

35

In El Chaltén treffen wir ein paar Tage später noch einmal Jason und Hayden, die sich in ihrem Quartier verschanzt haben. Diesmal setzen wir uns ein bisschen gelassener und ausführlicher zusammen und trinken auch ein paar Bier, das hilft. Sie sind total interessiert an unserer Tour. Wir zeigen ihnen Fotos, sie zeigen uns Bilder von ihrer Tour. Es wird gelacht und gestaunt. Es ist das Treffen von vier Alpinisten, die an wenigen Tagen im Januar 2012 ein paar Dinge veranstaltet haben, über die draußen in der Kletterwelt gestaunt und diskutiert wird.

Zum Teil sind diese Diskussionen ziemlich heftig. Hayden

und Jason kriegen zwar Applaus von einigen Kollegen, aber sie müssen sich auch ziemlich oft und ziemlich heftig anhören, dass ihre Aktion unangebracht und selbstherrlich war.

Das Argument der beiden, dass durch das Herausschlagen der Maestri-Haken »eine neue Ära am Cerro Torre begonnen hat«, bringt viele Kletterer auf der ganzen Welt auf die Palme. Sie sehen nicht ein, dass zwei junge Alpinisten sich einfach das Recht herausnehmen, einen Berg für viele Kletterer, die nicht über die gleichen Weltklasse-Fähigkeiten verfügen, unpassierbar zu machen. Touren durch das Setzen von Haken einfacher zu machen, ist eine Sache. Touren zu klettern und sie im Nachhinein schwieriger zu machen, ist noch einmal etwas anderes.

Mein Standpunkt dazu ist differenziert: Ich selbst hätte mir nicht angemaßt, die Maestri-Route aus der Wand zu radieren. Ich finde die Aktion von Jason und Hayden frech. Sie hat eine gewisse Parallele zu meinem ersten Versuch am Cerro Torre, als ich mein Projekt und dessen Begleiterscheinungen über die ethischen Grundsätze anderer Kletterer stellte. Jasons und Haydens Entscheidung, die Bolts aus dem Fels zu schlagen, ist eine Anmaßung, deren sie sich von Anfang an bewusst waren. Aber das Ergebnis finde ich umso besser, je länger ich darüber nachdenke. Der Zustand des Berges ist mit Sicherheit ursprünglicher und natürlicher als vor der Aktion, auch wenn Maestris Route nicht komplett gesäubert ist. Das Klettern in der Headwall ist durch das Abschlagen der Haken echter, unverfälschter, herausfordernder geworden.

Es ist jedenfalls ein Treppenwitz, dass die Aktion der beiden unsere Tour noch einmal heller strahlen lässt. Während

Jason und Hayden nämlich die Maestri-Bolts auf ihrer Tour noch als Notausgang aus der Wand zur Verfügung hatten, waren wir als erste Seilschaft seit Maestri selbst auf unsere eigenen Sicherungen angewiesen.

Man kann das so interpretieren, wie es Rolo Garibotti tat, als er uns zu unserem Erfolg gratulierte: »Lama ist verdammt gut geklettert«, sagt er gegenüber dem amerikanischen Magazin »Outside«. »Er besitzt ganz offensichtlich unglaubliche Fähigkeiten. Seine Tour ist noch viel mehr wert, weil er keine Maestri-Haken zur Absicherung verwendet hat.« Verwenden konnte. Es ist übrigens das erste Mal, dass ich von Rolo ein gutes Wort über mein Projekt höre.

Die Differenzen, an denen sich die Kontroverse entzündete, sind für mich inzwischen keine mehr. Selbst mit erbitterten Kritikern von damals kann ich heute beruhigt an einem Tisch sitzen und diskutieren und weiß, dass wir uns über nichts Entscheidendes mehr in die Haare bekommen werden. Das ist ein schöner und befriedigender Befund.

Ich gehe durch El Chaltén, das Wetter ist schlecht, wie so oft. Wir holen unser Zeug vom Berg. Der Cerro Torre ist nicht zu sehen, sein Gipfel ist in Wolken gehüllt. Ich verdanke diesem Berg viel. Meine Geschichte ist ein Teil seiner Geschichte geworden, und umgekehrt. In der langen Folge alpinistischer Abenteuer und Dramen, die sich hier ereignet haben, nimmt jetzt auch mein Abenteuer ein Kapitel ein – sicher nicht das letzte.

Der Berg ist ein Wunder. Ich werde ihn vermissen. Ich werde zu ihm zurückkehren.

Kaum ist mir endlich ein bisschen feierlich zumute, fliegt die Tür zum Container auf. Gerade habe ich begonnen, ein bisschen Ordnung zu machen. Einmal mehr schaue ich in Dirnis Gesicht, nur dass er diesmal keine Kamera im Anschlag hat.

»Jungs«, schreit Dirni, obwohl er genau sieht, dass ich allein im Container bin, »ihr werdet nicht glauben, was ich euch jetzt sage.«

Was will er jetzt?, denke ich mir. Ist der Helikopter abgestürzt? Sind die Festplatten mit dem Filmmaterial verschwunden?

Aber Dirni schaut mich nur mit weit aufgerissenen Augen an, ich kann sehen, wie gut seine Laune ist.

»Was ist los?«, frage ich.

»Sensation«, schreit Dirni. »In Andreas Bar wird Bier ausgeschenkt. Herr Ortner schmeißt eine Runde.«

Da muss ich natürlich hin.

Dank

Besonders bedanken möchte ich mich bei

… meinen Eltern Claudia und Rinzi für alle ihre Unterstützung, ohne die ich meine Träume heute nicht im gleichen Maß verwirklichen könnte.

… meinem Partner Peter Ortner für seine kompromisslose Leidenschaft und die gute Zeit.

… Flo Klingler und Peter Reinthaler für die Unterstützung, Reflektion und Freundschaft in allen Phasen des Projektes.

Außerdem ein großes Danke an Christian Seiler, Thomy Dirnhofer, Reini Scherer und Karl Gabl sowie an Robert Trenkwalder und das Team von ASP Red Bull, Christian Gisi und die Mammut Sports Group, Philipp Manderla, Guido Kruetschnigg und die gesamte Filmunit des Red Bull Media House, Britta Egetemeier und das Verlagsteam von Knaus sowie das Agenturteam von Lianne Kolf.